ALEGRÍA
para la
VIDA

Felicidad: Clave de la Efectividad

NORMA PANTOJAS

WHITAKER
HOUSE
Español

Editado por: Ofelia Pérez

Alegría para la Vida
Felicidad: clave de la efectividad

ISBN: 978-1-62911-969-4
eBook ISBN: 978-1-62911-968-7
Impreso en los Estados Unidos de América.
© 2018 por Norma Pantojas
www.normapantojas.com

Whitaker House
1030 Hunt Valley Circle
New Kensington, PA 15068
www.whitakerhouseespanol.com

"Conquistamos la alegría de vivir cuando somos conscientes de que lo que pasó, pasó, y ya no podemos volver atrás de ninguna manera. Así que lo mejor es construir un puente que nos permita pasar del dolor a la alegría; de la amargura y el rencor, al perdón; de la autocompasión a la superación; del desamor al amor incondicional. Ese puente se llama Dios y es el único que nos permite superar los momentos difíciles, y nos hace elevarnos por encima de las circunstancias, no importa lo dolorosas o insalvables que parezcan."

–Norma Pantojas

DEDICATORIA

A todos los que han conocido la alegría de vivir.

Y a todos aquellos que anhelan conocerla.

AGRADECIMIENTOS

Muchos estamos convencidos de que fuimos creados con un propósito muy especial. Para lograrlo no podemos vivir aislados en el mundo del silencio, sino en el de comunicarnos y compartir unos con otros. En esa interacción vamos conociendo a innumerables personas. Unas pasan y jamás volvemos a saber de ellas, pero otras llegan, y nos ayudan a construir nuestros sueños y a hacerlos realidad. Por eso hoy quiero honrar con mi agradecimiento a Xavier Cornejo y a Ofelia Pérez. Ellos son esas personas que me han permitido llevar a tus manos este libro: *Alegría para la vida.*

Xavier me observó sin yo saberlo durante el tiempo que nos hemos conocido, y se dio cuenta de que yo siempre estaba alegre. Un buen día me pidió que escribiera sobre la alegría que he manifestado en todo momento, y cómo las personas la pueden desarrollar. De más está decirles que a mí me fascinó la idea, y así nació este libro que tanto ha representado para mí y no sabía que lo llevaba adentro.

Un libro no es solo el trabajo de un autor. Es el esfuerzo conjunto de una editorial, el editor, el autor, y de todas las personas que laboran arduamente para crear un producto final de excelencia. El éxito de un trabajo consiste en saber seleccionar las personas que aman y se apasionan por lo que hacen. Ofelia Pérez es una de esas personas que ha dejado una huella profunda en mi corazón. La conocí hace tres años en un desayuno en un hotel, y desde ese momento le dije a mi hermana: "Yo quiero que Ofelia sea quien edite mi próximo libro". Ha sido una profesional excelente y exigente que no se deja llevar por la ley del menor esfuerzo. Se esmera hasta lograr un trabajo de calidad, extrae lo mejor del autor, y genera la seguridad de que el producto final será maravilloso. No solo agradezco su profesionalismo, sino su apoyo incondicional, sus palabras de aliento, su "no quiero que te preocupes" en los momentos muy difíciles en que escribí el libro. Sus comentarios y su apoyo me impulsaron a terminar a tiempo el manuscrito, para que el libro se publique en el tiempo estimado por la Editorial Whitaker House.

Al Dr. Xavier Cornejo, un asiduo lector y Director de Whitaker House Español, le agradezco sus sabias sugerencias, las conversaciones que arrojaron luz en las ideas que bullían en mi corazón, y sobre todo, por encaminarme a escribir sobre este tema tan necesario para enfrentar los retos de la vida.

Al Sr. Robert Whitaker, Jr., presidente de Whitaker House, por permitirme el honor de pertenecer a su grupo de autores. Gracias por todas las atenciones que ha tenido conmigo.

A todos los que han enriquecido mi vida, narrándome sus experiencias vividas…

A mi gran tesoro, mi familia, cuyo amor me ha sostenido siempre…

A Dios, quien es mi creador y mi ayudador en todo momento…

¡A todos mi amor, mi agradecimiento y mi alegría de siempre!

CONTENIDO

PRÓLOGO

"No hay nada más especial que recordar aquello que nos hace alegrar."
Ver con el corazón es mucho más importante que ver con los ojos. Norma es alguien que me ha enseñado a ver con el corazón. Ella tiene la cualidad única de ver más allá de la apariencia; ver la esencia.

El crecimiento está conectado a la alegría. Solo quien mantiene una buena actitud puede expandir su aptitud. Muchas personas no se han dado cuenta de que pueden escalar su posición a través de su disposición, de su alegría. ¡Nuestro éxito está conectado a nuestra sonrisa!

Hay personas que iluminan una habitación al momento que su sonrisa atraviesa la puerta, y son esas personas tan especiales las que uno guarda no solo en la mente, sino en el corazón. Todos queremos ese tipo de persona a nuestro alrededor, y todos queremos ser esa persona para alguien. Norma es el tipo de persona que se queda guardada en el corazón.

Algo que he observado de grandes líderes es su habilidad de disfrutar la vida y tener alegría. Al fin y al cabo de qué nos sirve llegar a la cima sin haber disfrutado el paisaje que nos lleva ahí. Para llegar a la cima hay que caminar cuesta arriba; nadie aterriza en ese lugar. Cuando me refiero a caminar cuesta arriba me refiero a dificultades, problemas, situaciones difíciles. Sin embargo, al ver la vida como una aventura te das cuenta que no todo siempre saldrá como esperas, pero siempre puedes alcanzar lo que deseas.

Lo que nos da el valor para seguir adelante en nuestra búsqueda de significado y propósito es la alegría que podemos tener en el día a día. Eso es lo que estas páginas reflejan: cómo descubrir la alegría para una mejor vida, cómo mantener la alegría para tener mejores días, y cómo contagiar la alegría para que en este mundo exista más simpatía.

En un mundo que parece cada vez más oscuro, lleno de problemas y dificultades, necesitamos compartir alegría, porque cuando nuestros días pierden su color, nuestra vida pierde su sabor. Cada uno de nosotros tiene un color dado por Dios para pintar este mundo de alegría. Sin menospreciar cualquier situación de dolor, el sonreír hará de tu día una experiencia mejor.

Dr. Xavier Cornejo
Director
Whitaker House Español

INTRODUCCIÓN

*"La alegría no es el éxtasis momentáneo, sino el
resplandor que acompaña al ser."* –Erich Fromm

Admiro y me llenan de alegría las vidas soñadoras que van más
allá de la realidad que tienen frente a sus ojos. Son personas que
siempre tienen a la mano una escalera para alcanzar los sueños
que entretejen, mientras disfrutan de cada detalle en su paso por
este mundo. Para ellos, la palabra imposible fue eliminada del
diccionario porque ven más allá de lo que perciben con su vista.
No se entretienen mirando lo negativo, sino disfrutando lo maravilloso que están esperando mientras van escalando peldaño a
peldaño hasta alcanzar lo soñado.

Siempre he sido una soñadora amante de la vida, las personas, y
la naturaleza que me rodea. Así que dondequiera que me muevo
llevo conmigo amor para regalar y sobre todo, la alegría que me
ha caracterizado desde niña. Quien manifiesta una alegría genuina es porque está lleno de ese amor que le permite amar por
encima de las barreras del idioma, de la cultura, de la religión,
de la clase social. Es la persona que ve un rayo de luz aun en la
noche más oscura. Es quien infunde ánimo a quien está caído. Es
quien valora a su prójimo y lo respeta, aunque no piense como él.
Quien tiene alegría la transmite en un abrazo, con un beso, con
una palabra o con un simple gesto.

Todos tenemos razones para llorar y para reír, pero es sabio
quien puede ser feliz y reír, a pesar de la realidad que a veces es
contraria a lo que queremos. Porque la alegría no depende de

nuestra realidad. Es un estado que refleja la calidad de nuestra riqueza espiritual y emocional. Es la que nos informa cómo está nuestro ser interior. Es la que nos dice si hemos podido resolver los nudos que se nos han hecho en nuestro ser con cada experiencia negativa, rechazo o palabra áspera que hayamos recibido desde que comenzó nuestra historia. *Si esos nudos no se resuelven a través del perdón y la aceptación, la música de nuestra alegría no puede fluir por todo nuestro ser porque se enredará en estos nudos, y producirá las notas tristes de la amargura.*

Quien no tiene alegría en su vida, mastica las yerbas de la amargura continuamente amargándose a sí mismo, a su familia, a sus compañeros de trabajo, dondequiera que va.

LA CAJA DE LA ALEGRÍA ESTÁ LLENA DE HERRAMIENTAS PARA CONSTRUIR VIDAS Y RELACIONES.

El amargado es la nota discordante en la armonía familiar y empresarial. Es aquel que se opone a los proyectos de la compañía aunque sean beneficiosos, porque la mayoría de las veces tan solo ve lo negativo en los demás. Así obstaculiza su desarrollo personal, el de su familia y el de la empresa para la cual trabaja. Es innegable que adondequiera que nos movemos, llevamos nuestra alegría o nuestra amargura, nuestro aliento o desánimo. Cada quien lleva consigo la caja de la alegría o la caja de la amargura. La caja de la alegría está llena de herramientas para construir vidas y relaciones. *La caja de la amargura está llena de conflictos sin resolver, y es una generadora de conflictos nuevos.*

Si cada uno de nosotros no resuelve los conflictos internos, podemos reír, pero estar llorando por dentro, y esa no es la verdadera alegría. La alegría es un estado de felicidad en el que la vida interior está dirigida por principios de integridad que quedan grabados en cada una de las acciones que practicamos.

Alegría y risa no son palabras sinónimas. Los payasos siempre están alegres, pero ¿cuántos payasos infelices existen que después de una gran función se borran la sonrisa que se han pintado de rojo para hacer su espectáculo, quedando al descubierto la amargura infinita que fluye por todo su ser y que solo ellos conocen? Sin embargo, otros han tenido historias llenas de dolor, pero han sabido sacudirse del polvo y el cansancio del camino, para darle paso a una nueva historia en la que la alegría reina, y en la que los momentos difíciles se pueden enfrentar con la confianza de que todos serán transitorios. *Quien no tiene la verdadera alegría, no prosperará en ninguna área de su vida, aunque se convierta en un millonario* presidente de una empresa, pues carece del regalo más preciado: la verdadera alegría que sale de un corazón en paz, agradecido y lleno de amor.

Desde que nacemos comienza la filmación de la película de nuestra vida. Nuestro recorrido, una vez comienza, no tiene marcha atrás. Es una filmación en vivo en la que las escenas no se vuelven a repetir aunque haya habido errores en el rodaje. Para algunos, el viaje es muy corto; para otros, largo y tedioso. *Y es que los momentos felices se nos van en un suspiro, pero los momentos duros parecen una eternidad.*

Cada quien decide cómo va a vivir y qué elementos incorporará para hacer el recorrido productivo, ameno y divertido, porque cada uno de nosotros es responsable de cómo será nuestro viaje hasta el final del camino. Cada individuo tiene la responsabilidad de definir cómo será su película, así que a cada persona le corresponde hacer el libreto que va a interpretar. No podemos escoger ni el país ni los padres que nos van a recibir; tampoco conocemos el futuro. Pero sí podemos transformar las experiencias más amargas en escenas que enriquezcan nuestra vida y la de aquellos con quienes compartimos. Y al final, todos recogeremos lo que hayamos sembrado.

> PODEMOS TRANSFORMAR LAS EXPERIENCIAS MÁS AMARGAS EN ESCENAS QUE ENRIQUEZCAN NUESTRA VIDA.

Desde que comencé este viaje, adopté actitudes que me han traído muchas alegrías y satisfacciones, aun en situaciones adversas. Mi madre siempre me decía: "¡Es que yo no me explico, tú te ríes tan fácil!" Es que desde siempre me he sentido llena de alegría con unos deseos grandes de tomar un megáfono gigante para gritarle al mundo que sí se puede ser feliz a pesar de... Las circunstancias y los reveses de la vida no pueden ni podrán jamás apagar la llama de la alegría que está prendida en todo mi ser, y me mantiene alerta y llena de vitalidad para hacerle frente a los reveses que se asoman periódicamente para asustarnos y amenazarnos con robarnos la alegría. Nuestra actitud siempre marcará la diferencia.

Te estarás preguntando: "¿Cómo yo puedo lograr que esa llama se encienda en mí, y me llene del ánimo y de la alegría que tú tienes? ¿Qué necesito para lograrlo? ¿Cuál es el combustible que debo usar para generar toda esa energía que me impulsará con alegría a lograr las metas en mi ser, en mi familia y en mi trabajo, sin quejarme mientras hago este viaje? ¿Cómo puedo dejar una huella de amor en cada ser que haya conocido mientras hago el viaje? ¿Cómo puedo transformar el vocabulario negativo que me ha acompañado por años?".

Calma, porque a través de estas páginas vas a conocer los secretos que me han hecho recorrer el camino con alegría, contagiando a otros con mi entusiasmo, sin la queja-manía que nos rodea y con la seguridad de que voy por el camino correcto.

Por eso, no te conformes con lamentarte, ya sea porque no puedes lograr la familia que anhelas, porque no puedes desarrollar tus talentos, porque no puedes brillar en tu trabajo, porque no logras el ascenso deseado, o porque tienes tantos conflictos en tus relaciones interpersonales. Calma, no te atormentes, es que careces del conocimiento que tienen los que han logrado superar su historia. El enemigo más grande no está fuera, sino dentro de ti: es la fuerza de la costumbre.

Por lo general, las personas se comportan como han aprendido en su familia de origen y el medio ambiente que les rodea, sin reflexionar si esas experiencias les favorecen, o le atrasan en el viaje de la vida. La fuerza

> EL ENEMIGO MÁS GRANDE NO ESTÁ FUERA, SINO DENTRO DE TI: ES LA FUERZA DE LA COSTUMBRE.

de la costumbre puede más que la sensatez. Por eso diariamente las personas repiten una y otra vez lo que les mantiene anclados en su desarrollo que no les permite ver las oportunidades que desfilan ante sus ojos herméticamente cerrados. Su cuerpo repite una y otra vez lo mal aprendido, provocando conflictos en su existencia, una vez tras otra.

En este libro encontrarás la alegría para tu vida porque soltarás el ancla de tus viejos hábitos. Aprenderás que hay un océano infinito de oportunidades y capacidades por el que puedes navegar cuando te sueltas de la fuerza de la costumbre, para lograr aprender las nuevas rutas que te conducirán a lugares antes desconocidos para ti. Te llenarás de alegría y energía al superar cada uno de los malos hábitos practicados por tantos años, para darles paso a los que te suplirán del conocimiento necesario para alcanzar la alegría para tu vida, para tu familia, en el trabajo y dondequiera que vayas.

¡El éxito está asegurado! Acompáñame a descubrir las ricas fuentes de vida, energía y alegría que transformarán tu vida para siempre.

Con amor,
Norma Pantojas

¿DÓNDE NACE LA ALEGRÍA?

"La verdadera alegría nace de la buena conciencia." –Erasmo de Rotterdam

La alegría no es un sentimiento que depende de lo que pasa fuera de nosotros, sino de lo que pasa dentro de nosotros. Es el producto de un carácter que se ha formado entretejiendo fuertemente principios que no se pueden separar del individuo, porque están agarrados y adheridos a él como una orquídea se aferra a su tronco.

Los principios son el conjunto de creencias y normas que regulan la vida emocional, espiritual y física de cada uno de nosotros para que podamos vivir en armonía con los demás. Este mundo sería diferente si cada uno hubiera formado eso que se conoce como carácter, con estos principios: amor al prójimo, perdonar a quien le ofende, respetar la propiedad ajena, fidelidad, respetar el derecho a la vida, diferir sin faltar al respeto, decir siempre la verdad y no cuando conviene, darle un lugar especial a la familia en lugar de colocar el ego como figura principal, ser tolerante. Así podríamos enumerar tantos otros principios que son los que dirigen la vida de los que hemos encontrado el secreto de la alegría, a pesar de cualquier circunstancia que se pueda presentar.

Un corazón alegre no es el que se ríe de algo gracioso. Es aquel que puede sentirse feliz porque lleva impresas las convicciones que nos permiten tener paz y sosiego con nosotros mismos y con los demás. Un corazón alegre ha desarrollado carácter. Los griegos llamaban *kharaktein* al acto de imprimir una marca (*kharakter*) en el ganado con un hierro candente, y también se le llamó así al hierro que usaban para marcarlo.[1] El vocablo carácter tiene que ver con marcas, pero con la diferencia de que los griegos usaban un hierro candente para marcar el ganado, y en la actualidad, carácter se usa para nombrar las marcas que dejan nuestro hogar de origen, las diferentes experiencias y todas las personas significativas que han tocado nuestra vida a lo largo de nuestra historia.

El carácter es una combinación de valores, sentimientos y actitudes que se va formando de acuerdo a la información que vamos aprendiendo y archivando en nuestro cerebro desde que nacemos. Es la forma particular que cada uno de nosotros tiene de responder ante lo que nos acontece y cómo percibimos a los demás, junto a los hábitos de comportamiento que hemos ido adquiriendo durante la vida. Si lo que marcó nuestro carácter estaba fundamentado en principios, tendremos una vida interior balanceada que se dejará ver en acciones dignas. Pero si tu carácter se formó sobre conflictos, acciones fuera de la ley, la venganza, el odio y el rencor, no tendrás la alegría que sale de un corazón que está en armonía consigo mismo y con los demás.

La buena noticia es que todos podemos tener alegría porque todos podemos modificar nuestro carácter, si sembramos en nuestra mente nuevos pensamientos, sentimientos y valores que transformen nuestra manera de interpretar la vida. Todas las experiencias que recibimos directa o indirectamente en nuestro hogar, en la escuela, en la iglesia; lo que leemos, lo que compartimos con quienes interactuamos y la cultura se convierten en los archivos mentales que serán la base con la que cada uno de nosotros evaluaremos e interpretaremos lo que vivimos a diario. En la medida en que hacemos un patrón de cómo responder ante lo que nos ocurre, formamos hábitos que definirán quiénes somos. Esa es nuestra marca, la que permite que seamos únicos, ya que deja ver nuestra manera de pensar, sentir, actuar; nuestra forma de interpretar lo que nos sucede y nuestras actitudes.

Quiere decir que todos podemos hacer de la alegría nuestra compañera inseparable si sustituimos los pensamientos y hábitos basados en impulsos que llevan a la destrucción, por principios que crean una armonía en nuestro ser y con quienes nos rodean. Por esa razón Erasmo de Rotterdam, un humanista y clérigo del siglo XVI, dijo: "La verdadera alegría nace de la buena conciencia".[2] *Una buena conciencia vive en paz, y es feliz aun en medio del tiempo borrascoso.*

> TODOS PODEMOS HACER DE LA ALEGRÍA NUESTRA COMPAÑERA INSEPARABLE.

El carácter formado en la roca de los principios será firme, superará los impulsos y las circunstancias adversas, y la persona experimentará una alegría que va más allá de una simple risa que se borra cuando sucede algo desagradable o triste. *Quien cultiva el desarrollo de ese carácter lleva la marca imborrable de la alegría y la felicidad, y encontrará soluciones cuando la vida le presente sus reveses.* Cuando no comprenda el porqué, permanecerá sosegado porque es consciente de que todo lo que pasa en su vida tiene un propósito determinado.

Nuestro verdadero carácter es el que manifestamos cuando nadie nos ve. Está tan arraigado en nuestro ser que aunque alguien no nos vigile, actuamos como si existiera un batallón del ejército vigilándonos. Evalúa tu carácter por unos segundos. ¿Trabajas con el mismo ahínco cuando tu jefe no está presente? Si estás de compras y se interrumpe el servicio eléctrico, queda todo en oscuridad, nadie puede ver lo que tú haces, ¿te robarías algo de ese lugar? ¿No robas porque puedes ser sorprendido por la ley, o no robas porque la honestidad es un principio que está marcado en tu ser, así como un hierro candente marca una res para siempre? ¿Eres fiel porque ese principio está grabado en tu corazón o por evitarte problemas?

Cuando evalúas cada uno de tus hábitos, queda retratado tu verdadero carácter. Los caracteres de las personas alegres son aquellos que se rigen por principios, y no se dejan vencer por sentimientos y emociones. Son aquellos que tienen su corazón en lo que es justo y agradable, y no en lo que les provoca un mero placer temporero. La paz que produce un corazón que descansa en esos principios no tiene comparación.

Vi un ejemplo de personas que no han formado carácter, en la noticia de última hora de un periódico en mi país, mientras escribía este libro. Un gran jurado federal le imputó 50 cargos en un fraude millonario a un ex Secretario de la Rama Ejecutiva del Gobierno, junto a otras personas más. ¿Crees que las personas que han sido acusadas por ese fraude millonario son personas alegres y felices porque han acumulado riquezas? De ninguna manera; la alegría no puede desarrollarse ni puede habitar en corazones llenos de maldad e ilegalidad. Las notas más bellas de la alegría salen de un corazón lleno de amor que vive al compás y en armonía conforme a principios. La maldad, la inmoralidad y todo lo que se opone al bien, rompen con la armonía y la verdadera alegría.

¿Qué pasa cuando el hombre se desenfoca o nunca se ha enfocado en lo que es verdadero, honorable, justo, puro, admirable, excelente y digno de que se alabe? No ha formado un carácter firme, y se deja arrastrar por lo que le piden sus impulsos para satisfacer su ego, sin pensar en los demás. Por tanto, cada día crece en su corazón la inclinación hacia la corrupción, porque sus lentes espirituales y emocionales están tan oscuros que sus decisiones no se basan en lo honorable, lo bello y lo justo, sino en lo que le da placer y satisfacción a su cuerpo y no a su espíritu.

El carácter no depende de la clase social, ni del nivel de educación, ni de la raza, ni de la religión, ni del nivel económico que pueda tener una persona. El dinero es importante porque con este logramos cubrir nuestras necesidades, pero no puede ser lo más importante en nuestra vida. Cuando se coloca en el primer lugar, la persona hace lo que sea necesario para obtenerlo, independientemente de los medios que utilice. Si el dinero fuera lo que determinara una vida de alegría, los dueños de puntos de drogas serían los primeros en la lista de los más alegres y felices. Las características de una persona que vive alegremente cada día no tienen que ver con cosas materiales, sino con acciones habituales dignas. ¡Qué maravilloso que la alegría no depende de lo que está afuera, sino de lo que está dentro de nosotros, así que no dependemos de otros para alcanzarla!

Así como quien tiene principios entrega su vida por ser fiel a ellos, quien no los tiene pierde su identidad, su libertad y su vida por la ausencia de ellos. *El carácter se construye día a día repitiendo buenos hábitos, abandonando los malos, y añadiendo todos los necesarios para superarnos y vivir con alegría.*

William James, sicólogo y filósofo norteamericano decía: "Siembra una acción y recogerás un hábito. Siembra un hábito y recogerás un carácter. Siembra un carácter y recogerás un destino".[3]

Quien tiene buenos hábitos es porque ha desarrollado un carácter firme que sabe ser compasivo, misericordioso, templado, y a la vez sabe corregir cuando algo no está bien. Su constancia en su manera de vivir le hace ganar el respeto de los demás. Estas personas quedan inmortalizadas en el corazón de todos porque impregnaron su vida de la alegría de vivir.

El carácter se va reforzando cada día con la práctica continua de las buenas costumbres y la superación de las débiles. Por eso, solo nosotros somos responsables de esa marca distintiva. Cuanto más arraigadas están las convicciones en nuestro ser, más dificultoso es caer en prácticas nocivas para la salud espiritual y emocional, porque es muy difícil llegar a hacer lo que no estamos acostumbrados a practicar.

Hace muchos años, quedé muy impresionada al leer una entrevista en la que un asesino habitual explicaba cómo él se sentía después de quitarle la vida a otro ser humano. Fríamente el hombre confesó que la primera vez que asesinó a alguien se sintió muy mal, pero después se acostumbró a hacerlo, y ya no le provocaba ningún sentimiento. El hábito hizo la diferencia.

Aristóteles, un filósofo griego, dijo: *Somos lo que hacemos repetidamente. La excelencia, entonces, no es una acción, sino un hábito*.[4] Si somos lo que hacemos repetidamente, ¿cómo desarrollamos hábitos que nos dirijan hacia la excelencia? Debemos saber cuáles son esos buenos hábitos para adquirirlos. ¡Nuestro cerebro es maravilloso! Podemos abandonar conscientemente circuitos viejos e innecesarios del cerebro, para construir una mente nueva.

Para lograr detectar malos hábitos que son los que constituyen los circuitos viejos, es necesario reflexionar alejándonos de las distracciones rutinarias del ruido de la vida diaria, de tal manera que podamos enfocarnos en esas costumbres que necesitamos cambiar. Una vez que los identificamos, debemos acercarnos a nuevos conocimientos, y tener la voluntad y la disciplina hasta convertirlos en las costumbres que nos guiarán hacia una verdadera vida llena de alegría. *Lograr cambios exige enfocarse en la meta que queremos alcanzar, y creer con todo nuestro corazón que lo vamos a lograr aunque sea humanamente difícil, y no lo estemos viendo con los ojos físicos.* ¡Sí se puede cambiar, sí se puede tener alegría para cada día de nuestra vida!

Eliminemos los viejos hábitos de enojo, furia, comportamiento malicioso, calumnia, lenguaje grosero, la mentira, y de todo lo que impida que disfrutemos de la limpieza de conciencia. Enfócate, decídete a aprender, practica lo nuevo que estás aprendiendo hasta convertirlo en un hábito para tu vida. Los hábitos de hoy están construyendo el futuro que vas a vivir. Eso es lo que significa superación personal.

> LOS HÁBITOS DE HOY ESTÁN CONSTRUYENDO EL FUTURO QUE VAS A VIVIR.

¿Por qué cuesta cambiar? Porque nos sentimos más cómodos haciendo lo que ya hemos practicado por años. Sin embargo, es imprescindible salir de las malas costumbres para perfeccionarnos y ser constantes en lo nuevo que hemos comenzado a practicar. Quien no es constante jamás aprenderá nuevos hábitos, porque para lograr fijar nuevas costumbres se necesita constancia y repetición hasta que el cuerpo completo lo memorice, y lo practique automáticamente.

Si deseas convertirte en una persona que vive en la casa de la alegría, debes evaluar cada uno de tus hábitos con sus respectivas consecuencias en tu desarrollo personal en el presente y en el futuro. Luego debes tomar la decisión de eliminar las malas costumbres que te mantienen atascado en una zona mediocre, cuando tú sí tienes la capacidad de llegar a la excelencia.

¿Cuáles son las ventajas de atesorar buenos hábitos?

+ Los buenos hábitos te abren una ventana gigante al mundo de las posibilidades porque los practicas automáticamente, y dejan tu mente libre para aprender y enfocarte en experiencias nuevas. ¿Te imaginas cómo sería nuestra vida si todas nuestras acciones fueran conscientes? No podríamos conducir un auto y hablar a la vez. Gracias a que desarrollamos hábitos podemos fijar nuestra atención en otros asuntos nuevos, mientras practicamos en automático los aprendidos.

+ Los buenos hábitos te permiten crecer en conocimiento porque una vez fijas un patrón de hacer algo, puedes exponerte a nuevos aprendizajes.

+ Los hábitos definen el carácter porque la suma de ellos marca quién eres.

+ De acuerdo a tus buenos hábitos formarás un carácter firme.

Una persona ha desarrollado un carácter firme cuando:

+ Alimenta con alegría cada uno de sus días.

+ Ama la vida que le han regalado, y ama a los demás.

+ Es fiel a sus principios, a sí mismo y a su prójimo.

- Cumple con sus responsabilidades aunque no tenga el ánimo de hacerlo, porque primero es la acción y después la emoción.

- Decide ser mejor cada día, y superar los retos que se le presentan.

- Tiene dominio propio. No se deja arrastrar por el impulso.

- Llega al trabajo y a su hogar con una sonrisa.

- Sabe pedir perdón cuando se equivoca.

- Trabaja con pasión y la contagia a otros.

- Tiene prioridades.

- Es disciplinada.

- Termina lo que comienza.

- Vive sin quejarse porque está agradecida de lo que la vida le regala cada día, en lo que llega lo que anhela.

- Acepta sus errores y los corrige.

- Sirve a otros con alegría.

- Trata a los demás con respeto y amabilidad.

- Destaca lo bueno que tienen los demás, y no se entretiene contando sus debilidades.

Quien vive de esa manera, practica todas esas acciones con facilidad porque las ha realizado tantas veces que ya se han convertido en su marca, en su carácter; ¡la marca que lo distingue!

● ● ● ●

Un carácter edificado en principios tiene una conciencia en paz que se traduce en una alegría contagiosa.

LA ALEGRÍA ALBERGA PENSAMIENTOS DE BIEN

"Buscas la alegría en torno a ti y en el mundo. ¿No sabes que solo nace en el fondo del corazón?". –Rabindranath Tagore

¿Sabías que para tener alegría es necesario ser feliz? ¿Sabías que para ser feliz no dependes de los demás, sino de ti? Te garantizo que si la felicidad dependiera de las circunstancias, no hubiera ni una sola persona feliz en este mundo. Porque la vida es una carrera de obstáculos en la que necesitamos aprender a saltarlos sin que eso nos robe la felicidad y la alegría. ¡La felicidad es una elección! Decidimos ser felices o ser infelices, ser agraciados o ser desgraciados, ser optimistas o ser pesimistas. La decisión es nuestra, por tanto, cada quien elegirá el estado en el que vivirá.

Se oye a menudo: "Yo voy a ser feliz cuando sea una o un profesional, cuando me case, cuando tenga un hijo, cuando tenga un automóvil, cuando me compre la casa de mis sueños, cuando ya no tenga esta incapacidad, cuando tenga un mejor empleo, cuando mi pareja regrese al hogar". Pero cuando cada quien recibe lo que anhelaba para ser feliz y pasa la euforia del bien recibido, se sigue sintiendo infeliz y busca otra razón para alcanzar la felicidad.

> DECIDIMOS SER FELICES O SER INFELICES, SER AGRACIADOS O SER DESGRACIADOS, SER OPTIMISTAS O SER PESIMISTAS.

La vida no es un casino en la que si tienes suerte, eres feliz, y si la suerte no te toca, estás condenado a la infelicidad. El secreto de la felicidad está en mantener una armonía interior basada en principios de integridad que se reflejan en la manera de pensar, sentir y actuar. Esos principios están sumergidos en un amor profundo hacia todo lo que nos rodea: las personas, las plantas, el canto de los pájaros, en fin, toda la naturaleza que día a día nos anuncia que tenemos una oportunidad más de crecer. De esa armonía entre lo que hay en nuestro interior y lo que practicamos, surge la alegría que produce unos frutos que nos capacitan para enfrentar todos los obstáculos que aparecen diariamente en nuestro caminar diario.

Hace varios años, un pediatra muy querido a quien conocí desde que era niña, se fue a vivir a un estado en el que reina una tranquilidad que contrasta con la efervescencia del país en el que él vivió hasta que terminó su carrera profesional, y donde todavía yo vivo. Después de un tiempo regresó a Puerto Rico para compartir con familiares y viejas amistades. Yo amo a este hombre como si fuera mi hijo y después de compartir un largo rato con él, le pregunté: "¿Cómo te has sentido estos años lejos de nuestro país?". La respuesta fue una confesión categórica: "Norma, uno no sabe el estrés que está viviendo hasta que vive en otro lugar que es diametralmente opuesto a nuestro país". Independientemente de que su premisa sea cierta o no, sí es indiscutible que el ser humano se acostumbra y se acomoda hasta al sufrimiento. Lo triste es que *quien se acostumbra a sufrir piensa equivocadamente que no hay otra opción*. Cree que el sufrimiento que le ahoga es responsabilidad de las circunstancias: de una pareja que le fue infiel, de un hijo enfermo, de un desempleo, entre tantos otros eventos que nos pueden pasar. Quien se siente infeliz no se da cuenta que puede cambiar su infelicidad con tan solo cambiar su manera equivocada de pensar. Los pensamientos erróneos son los que le mantienen atado a una circunstancia que puede superar si cambia su manera de pensar y actuar. *La alegría entra al corazón cuando se va liberando de pensamientos equivocados.*

Cuando la alegría invade todo tu ser, tu forma de ver la realidad es transformada, y tu actitud frente a todo cambia, porque no vemos las cosas como son, sino como somos. Las experiencias en tu recorrido por la vida crean surcos en tu alma que alterarán tu visión del mundo que te rodea.

> LA ALEGRÍA ENTRA AL CORAZÓN CUANDO SE VA LIBERANDO DE PENSAMIENTOS EQUIVOCADOS.

Hace varios años estaba pagando unos artículos en el supermercado, cuando de pronto escuché la canción de José Luis Perales, "*¿Y cómo es él?*". Siempre que escucho esa canción me emociona porque su letra describe cómo se siente un padre cuando su hija, quien es todo para él, se enamora. Inmediatamente la escuché, comenté con la cajera que me estaba cobrando, "¡qué belleza de canción!", a lo que la cajera me respondió: "Esa canción es una aberración". Mientras la canción sonaba, yo pensaba en mi papá a quien amé tanto y con quien mantuve fuertes lazos de amor. Ella, mientras escuchaba la misma canción, pensaba en sus sobrinitas de tres y cinco años a quien su propio padre había violado, y tenían un caso en el Tribunal.

> NO VEMOS LAS COSAS COMO SON, SINO COMO SOMOS.

Por eso insisto: no vemos las cosas como son, sino como somos. La visión de aquella mujer estaba nublada por su experiencia particular, sin ser capaz de abrir sus ojos para darse cuenta de que no todos los padres son iguales y no siempre la realidad será la misma, porque puede haber cambios. *Las experiencias vividas no tienen por qué sabotear nuestro presente ni nuestro futuro.* Nuestras vidas deben estar siempre evolucionando todos los días hacia lo mejor, dejando atrás lo negativo que experimentamos si queremos disfrutar de una alegría continua.

Desafiar la costumbre abre las puertas a la alegría

La dificultad está en que muchos repiten una y otra vez las mismas acciones, aunque saben que les causan dolor. La costumbre adormece el cerebro, mientras que el cambio lo ejercita. La costumbre nos hace funcionar automáticamente, mientras lo nuevo nos obliga a pensar en otras formas de ejecutar una acción y de interpretar la realidad para obtener resultados diferentes. La costumbre nos impide ver que hay un camino mejor. El cambio nos dirige a explorar diversidad de caminos. *La fuerza de la costumbre es tan poderosa en nuestra vida, que llegamos a pensar que no hay una mejor forma de vivir que la que estamos experimentando, porque creemos que eso es lo que nos ha tocado vivir y no hay forma de cambiar.*

Por eso las personas dicen: "Es que ya yo soy así". De acuerdo con esa equivocada manera de pensar, muchos estarían condenados a no conocer nunca la alegría. No es posible experimentarla si viven sembrados en malos hábitos que les impiden florecer y salir de la aridez de pensamientos que aprendieron desde su nacimiento. Quien vive inmerso en un diálogo interior negativo lleno de penas y tragedias, lo alimenta y lo perpetúa porque somos lo que pensamos. Para que la alegría toque tu vida, tiene que haber cambio de pensamientos que a su vez generarán cambios de actitudes y acciones.

Joe Dispenza, doctor en quiropráctica y autor de varios libros relacionados con el funcionamiento del cerebro, explica que si te esfuerzas por cambiar el mundo interior de tus pensamientos y sentimientos, tu entorno exterior también

> HOMBRES Y MUJERES SE ABRAZAN PARA SIEMPRE A LA COSTUMBRE COMO SI FUERA EL AMOR DE SU VIDA.

empezará a cambiar.[1] Él afirma que el hábito clave para alcanzar el auténtico potencial es dejar de hacer lo que has estado acostumbrado a hacer hasta ahora y ha llegado a definir tu existencia. Pero, ¡qué difícil es dejar de ser tú, para darle paso a una nueva forma de vida! *Hombres y mujeres se abrazan para siempre a la costumbre como si fuera el amor de su vida.* Se acomodan a hacer lo mismo de siempre porque es mejor practicar lo que saben, que aprender nuevas formas de hacer que conllevan más tiempo y esfuerzo.

Estamos en la época en que todo es rápido y fácil. Con un botón bajamos los cristales del auto, con un botón prendemos las luces, con un botón marcamos el número del piso y el ascensor nos lleva hacia las alturas, con una tecla viajamos el mundo por Internet, con la misma tecla compramos en cualquier parte del mundo, con una tecla hacemos toda clase de transacciones en el banco, y podríamos seguir enumerando hasta el infinito. Con un bisturí las personas achican, agrandan o le dan forma a su cuerpo a su antojo.

Las personas se han acostumbrado a lo fácil, a lo rápido y a mantener su apariencia, aunque en lo profundo de su ser haya destrucción y carezcan de alegría. Es necesario comprender que los cambios que transforman la vida no están al alcance de un botón, de una tecla o de un bisturí. Esos cambios requieren trabajo, esfuerzo y voluntad. Por esa razón, hay quienes prefieren pagar lo que sea por quitar las arrugas de su físico para lucir más jóvenes, pero no eliminan las arrugas del interior de sus vidas que les atrasan en su existencia, por la cantidad de problemas familiares y por las pésimas relaciones interpersonales que generan. Estas arrugas emocionales no les permiten alcanzar su potencial ni tener la alegría que nos suple la energía, esa que nos permite sentir que tenemos un tigre en nuestro tanque para salir adelante en todo lo que emprendamos.

¿Quieres una vida fructífera llena de alegría? Deja de hacer lo que has hecho hasta ahora, y comienza a crear hábitos que te dirijan hacia lo que anhelas alcanzar. Lo más fácil es hacer las cosas que el cuerpo ha memorizado, porque su ejecución es automática, ya sea con poco o ningún esfuerzo. Lo más difícil es emprender acciones nuevas, incursionar en lo que de pronto es desconocido, porque requiere romper con la costumbre. Esto exige mucha práctica, esfuerzo, dedicación y voluntad. No obstante, los beneficios que trae son infinitos y entre ellos están la alegría, que a su vez nos llena de fortaleza, de paz, nos mantiene con los niveles de estrés necesarios para vivir eficazmente, y no con el estrés que nos enferma y nos hace morir lentamente. Como dice la canción de Alberto Cortés: "Ni poco ni demasiado, todo es cuestión de medida".

Un contentamiento que da fortaleza

La alegría trasciende la risa, la carcajada, la algarabía, la celebración. *Es un estado de contentamiento que surge de alguien que se acepta con sus virtudes y debilidades, y mantiene constante el deseo de aumentar las virtudes y superar sus debilidades.* Sus convicciones son congruentes con sus acciones. Vive agradecido con lo que tiene mientras llega lo que anhela porque tiene la certeza de que mañana será mejor que hoy, y si no es mañana, será otro día. Siempre espera lo mejor. La persona alegre ama la vida y a su prójimo, aunque no vea la realidad como él o ella la ve. Vive sin la ansiedad que trastorna a tantas personas que vagan por el mundo sin fe ni esperanza, y en depresión. El estrés que domina a tantos no le domina, sino que le impulsa para lograr sus planes. Por todo eso la alegría es indispensable en nuestro diario vivir. Queda demostrado que no puede haber alegría significativa, sin que haya armonía en nuestro ser interior.

Quien está alegre tiene fortaleza. El Diccionario define fortaleza como fuerza y vigor, como un recinto fortificado, como una virtud que vence el

> QUIEN ESTÁ ALEGRE TIENE FORTALEZA.

temor.[2] Así que la fortaleza no tiene que ver con la fuerza física ni con los músculos que puedas tener desarrollados con ejercicio y buena alimentación. Tiene que ver con algo que sale desde lo más profundo del ser, que se ha venido alimentando de los principios que le mantienen en armonía consigo mismo, con quienes le rodean, y con quien le creó.

Una persona fortalecida es la que todo hogar y empresa anhelan tener, porque es alguien que les da seguridad a los demás, mantiene la mente equilibrada cuando llega la tormenta, y puede tomar decisiones en momentos de adversidad, sin perder el control. Tiene la capacidad para enfrentar grandes retos sin perder su alegría, y se gana el respeto y la admiración de todos por su firmeza. Es la persona a quien buscan cuando la risa superficial de muchos se pierde, para que alumbre con su alegría y saque de su interior la caja de herramientas que contiene todos los elementos necesarios para que el hogar o la empresa se recuperen de su dificultad.

Esa persona está fortalecida porque tiene armonía en su ser, y tiene una paz indescriptible que sobrepasa todo entendimiento. Indescriptible porque quienes le rodean son incapaces de comprender cómo se puede mantener sosegada en medio de las dificultades.

Una de nuestras hijas se casó, y dio a luz a una hermosa bebé. Cuando mi hija cumplió veinticinco años y ya su bebé tenía un año y medio, mi esposo y yo salimos con ella de compras. Mientras disfrutábamos de aquel hermoso momento, mi esposo recibió una llamada en la que un hombre a quien no conocíamos le preguntó si era el papá de nuestra hija. Cuando le contestó que sí, le informaron que el esposo de nuestra hija había muerto de cinco impactos de bala en un asalto a mano armada. Mi esposo sabiamente le dijo a mi hija que su esposo estaba grave en lo que poco a poco le seguía dando información, hasta que finalmente supiera que había muerto.

El camino hacia el negocio de mi yerno se hizo largo y doloroso, pero teníamos fortaleza y paz en nuestro corazón. ¡Jamás nos imaginamos que nos íbamos a encontrar en la escena de un crimen! Y es que la vida no nos avisa las tragedias con las que nos vamos a enfrentar más adelante en nuestro caminar. Finalmente, nuestra hija recibió la trágica noticia.

Fue impresionante para las personas ver cómo en el velatorio ella se levantó en medio de su dolor, y cantó un himno con una paz y una fe increíbles. Era incomprensible, pero eso fue lo que aprendió en nuestro hogar. Desde pequeños enseñamos a nuestros hijos a ser personas de fe, de fortaleza, y a experimentar la paz que no se vende ni se compra en ningún lugar, pero es lo que hace la diferencia cuando llegan los vientos huracanados de la vida. ¡Es innegable que a todos nos llega la dosis de dolor!

¿Y qué es la paz? Es la armonía que logramos en nuestro ser interior a pesar de que los vientos contrarios están soplando tan fuertes que casi nos derriban. La paz es como entrar en el ojo del huracán. En el ojo no se sienten los vientos.

> LA PAZ NO IMPLICA AUSENCIA DE CONFLICTOS, SINO QUE AUN EN MEDIO DE LA GUERRA SIENTES UNA TRANQUILIDAD INDESCRIPTIBLE.

Por eso el avión caza huracanes puede entrar en él para describirnos cómo se está desarrollando el fenómeno. Es importante señalar que la paz no implica ausencia de conflictos, sino que aun en medio de la guerra sientes una tranquilidad indescriptible porque tienes la fortaleza y la fe de que no estás solo. No puede haber fortaleza y paz en un corazón amargado porque estos frutos vienen de un corazón lleno de alegría.

Para que la alegría fluya en nuestra vida y nos regale todos esos frutos que vamos a estar estudiando, es necesario ser felices. Siempre he dicho en mis conferencias y consejerías que la felicidad no es una traje hecho a la medida que baja del cielo un día y ya soy feliz. La felicidad es una decisión, y la tenemos que edificar con los mismos materiales que construimos la alegría.

Ninguna persona que viva haciendo maldad y sea carente de integridad es feliz ni tiene alegría, aunque ría a carcajadas.

A medida que vayamos describiendo los beneficios que trae consigo la alegría, la desearás y aprenderás cómo lograr cada uno de ellos.

● ● ● ●

¡Decídete a identificar tus pensamientos equivocados, y a sustituirlos por pensamientos de bien!

LA ALEGRÍA PRODUCE OPTIMISMO, ENTUSIASMO Y FE

"Un pesimista ve la dificultad en cada oportunidad; un optimista ve la oportunidad en cada dificultad". –Winston Churchill

No sé por qué, pero el tañer de las campanas produce en mí el anuncio de algo tan especial. Desde niña escuchaba las campanas que sonaban a lo lejos desde la iglesia del pueblo. Era como si ellas me estuvieran diciendo: "Ven, ven, que algo bueno está por suceder y te provocará mucha alegría". Me fascinan las campanas y concibo la alegría como una campana gigante que cuando tañe, dondequiera que se oyen sus notas musicales, anuncian esperanza, optimismo, entusiasmo, fe y alegría. El secreto no está en las campanadas, sino en lo que sucede en lo íntimo de nuestra vida; cuán dispuestos estamos para recibir y poner en práctica eso que ellas anuncian con tanta insistencia.

¿Te imaginas qué apasionante sería si cada uno de nosotros fuera como una campana que en cada campanazo dispersara alegría y todo lo que ella encierra? ¿Que cada palabra que saliera de nuestra boca, cada abrazo, cada beso, cada actitud y cada acción les anunciara a las personas que hay esperanza, fe, optimismo y entusiasmo por la vida? Si así fuera, cada vez que llegáramos a un lugar lo llenaríamos con las notas armoniosas de nuestra vida. Aunque no somos campanas, sí podemos impactar a otros con el sonido que sale de nuestras acciones.

Escoge ser optimista

Quienes llevamos la alegría verdadera muy adentro pintamos de colores los momentos más oscuros de nuestra existencia y la de otros porque tenemos fe en que todo obra para bien. Somos personas optimistas que sabemos que la oscuridad no es permanente porque ningún problema es eterno. *Quien es optimista tiene fe, y esa fe implica que posee la certeza y la confianza de que algo bueno siempre está por suceder, porque interpreta la realidad mirando siempre las posibilidades. Es consciente de que hay obstáculos que vencer, pero sabe que tendrá la sabiduría para vencerlos.* Puede ver más allá de lo que le dice la realidad, pues está lleno del ánimo y el entusiasmo necesarios para conquistar las posibles soluciones, en lugar de dejarse aplastar por los imposibles.

LA OSCURIDAD NO ES PERMANENTE PORQUE NINGÚN PROBLEMA ES ETERNO.

El futuro del optimista es muy alentador, pero el del pesimista es devastador. El optimista confía en que el futuro será propicio para desarrollar sus capacidades y su creatividad para enfrentar los gigantes que se presenten en el camino. No le teme a los fantasmas de la negatividad que se asoman diariamente buscando la oportunidad de apoderarse de su mente. Tiene la fe de que los podrá resistir. No se queda quieto esperando un golpe destructivo, sino que se mueve con la fe de que una puerta se abrirá y encontrará la solución para enfrentar las dificultades, siempre con entusiasmo y perseverando hasta lograr su propósito. *Una persona optimista ve lo positivo en cada vida y en cada circunstancia, aunque todos vean lo negativo, porque el optimista ve más allá de la apariencia.* Esa visión solo la tienen las personas que viven esperanzadas, no las personas que viven diariamente atascadas en sus dificultades.

El optimista camina con paso firme hacia delante, mientras a la persona pesimista le pesa la vida porque ve en todo un obstáculo agrandado, y se siente que no tiene las fuerzas suficientes para poder vencerlo. Le falta fe, voluntad, entusiasmo y confianza en sí mismo. Mientras el optimista se siente valioso y poderoso, el pesimista se siente muy poquito, débil y desamparado. Por eso vive culpando a otros de su condición. Cree que su situación es por "culpa de otros", y espera que otros sean los responsables de resolverle su vida. Se queda concentrado en sus problemas, mientras las oportunidades que se presentan a diario le dicen adiós todos los días, y él ni si se entera.

En el pesimista, el desánimo se ha apoderado de su ser y todo el tiempo está presintiendo que algo malo va a pasar. Sus pensamientos son negativos, y los remoja diariamente en las aguas de su amargura que llegan desde el pasado, mientras las va guardando en su ser como si fueran un tesoro. No se da cuenta de que mientras guarda toda esa negatividad, todos sus pensamientos navegan día y noche en la misma amargura. El resultado serán pensamientos negativos en abundancia que a su vez producirán sentimientos negativos, y darán a luz acciones negativas.

Es importante señalar que así como piensas, sientes, y como sientes, actúas. Ese es el ciclo mental que se repite una y otra vez hasta hacer un hábito de pesimismo y negatividad, en el que la alegría jamás vivirá. *La alegría vive en un corazón esperanzado, perdonador, que no guarda aguas amargas, sino bellos recuerdos y hermosos planes que comenzará a ponerlos en acción en el presente, y se extenderán hasta el futuro.* Por eso el optimista está de buen humor, y tiene el ánimo de mover al mundo con su actitud de triunfador.

Así como se hace una costumbre de crear un ciclo de pensamientos negativos, se hace un hábito de aprender a pensar correctamente desechando los pensamientos que no edifican nuestra vida. Para lograr esa nueva costumbre debemos evaluar nuestra forma de pensar y darle espacio en nuestra mente solo a pensamientos que sean verdaderos, justos, puros, bellos, excelentes, y que produzcan paz en nuestro corazón y nos ayuden a edificar nuestro carácter y el de otros.

Eso no quiere decir que nuestra vida será perfecta, pero te garantizo que si incorporas a tu carácter estas enseñanzas, vivirás en paz. Lo que te estoy enseñando no es lo que aprendí en la universidad. Es lo que he vivido, me ha dado resultados, y lo he enseñado en mis consejerías desde hace muchos años.

Quiero compartir contigo una experiencia muy personal que fue tan real que puedo decirte hasta el año, 2008. Iba de regreso a mi hogar y cuando pasé frente al negocio de mi yerno, aquel que te comenté que murió en un asalto a mano armada, sentí una tristeza tan profunda que comencé a llorar mientras conducía mi vehículo. A los pocos segundos mi mirada quedó fija en un letrero gigante que quedaba a mano izquierda del negocio y decía: "Dale *delete* a los pensamientos tristes". Aquel letrero me estaba ordenando que borrara los pensamientos tristes, y así lo hice. ¡Qué maravilloso es saber que nuestro creador tiene un cuidado tan especial de nosotros cuando estamos sumergidos en sus principios!

Cada individuo decide cuáles son las características que le definirán. Cada uno recogerá lo que siembre en su caminar. Jamás recogeremos lo que no hemos sembrado, pero te tengo buenas noticias: nunca es tarde para rectificar y empezar a sembrar semillas de amor. Puedes comenzar a sembrar hoy en el jardín de tu vida cada uno de los frutos de la alegría.

Otra característica de quien es pesimista es que no se valora, contrario a los optimistas que saben que son obras de arte que no fueron creadas por casualidad, sino con un propósito muy importante, aunque el hogar en el que muchos se desarrollaron no les haya valorado. *El optimista es consciente que hay situaciones que no puede cambiar, pero después de hacer lo que está en sus manos hacer, descansa en la esperanza de que algo bueno sucederá en el momento apropiado.*

El optimista no se acuesta en la cama de la depresión que lo que hace es perjudicar su creatividad y su desarrollo emocional, espiritual y físico. Quien está deprimido pierde su creatividad porque mientras su vida gira alrededor del problema, se va destruyendo a sí mismo poco a poco. La vida del optimista gira alrededor de posibles soluciones, y se edifica a sí mismo todos los días porque se siente valioso encontrando soluciones acertadas.

Recientemente en mi sección radial, *Norma, dame un consejo,* recibí una llamada de una mujer que se quejaba porque sus hijos no la visitaban a menudo. Por lo general, cuando las personas llegan a la etapa

LA VIDA DEL OPTIMISTA GIRA ALREDEDOR DE POSIBLES SOLUCIONES.

en la que ya sus hijos salieron del hogar, comienzan a cosechar lo que sembraron en su familia. Cuando le pregunté cómo ella se catalogaba como madre, me explicó que ella había sido una mala madre.

Le respondí que no podemos regresar al pasado para borrar los errores ni para castigarnos, pero sí podemos cambiar nuestra actitud al arrepentirnos de lo que hicimos mal en el pasado. Podemos pedir perdón a los que herimos, tener paciencia, y comenzar a vivir de tal manera que las personas puedan ver nuestro cambio en acciones y nos permitan ganarnos el amor de quienes nos rodean. Solo así los demás anhelarán estar cerca de nosotros porque les contagiamos con la alegría, el optimismo, el entusiasmo y la fe.

La mujer me contestó que nadie comprendía su problema, se victimizó, y ahí se acomodará al sufrimiento, en lugar de aprender y poner en práctica nuevas formas de vida. Cuando les permitimos a los conflictos que se adueñen de nuestro ser, todo lo veremos con ojos de luto permanente, y no encontraremos la salida a esa tristeza. Los pensamientos negativos prevalecerán convirtiendo nuestra vida en un cuerpo saturado de pensamientos que nos dirigen a los desastres creados por nosotros mismos con nuestra equivocada manera de pensar.

Sin embargo, cuando vivimos cultivando pensamientos de bien, el optimismo reinará en nuestro ser y siempre veremos que hay una salida a la dificultad. Ser optimista es también una decisión, y tan solo depende de ti. *El optimista no es un loco que todo lo ve color de rosa aunque se esté cayendo en pedazos. Es alguien que acepta que ese algo se está cayendo en pedazos, pero encontrará la solución para restaurarlo.* Quien es optimista tiene fe y está lleno de entusiasmo.

Entusiasmo contagioso

¿Y qué significa entusiasmo? Es cuando tu ánimo, tu admiración y todo tú están en tu expresión máxima, y la alegría llena cada resquicio de tu ser. Es cuando tus ojos se quedan muy abiertos porque lo que están viendo les llena de asombro.

> QUIEN VIVE EN AUTOMÁTICO PERDIÓ LA CAPACIDAD DE ASOMBRARSE O NUNCA LA HA TENIDO.

Es cuando tu boca se abre y dice las expresiones más bellas porque tu ser se siente maravillado. Es cuando estás tan extasiado en lo que estás haciendo que nada puede distraerte. Quizás algunos podrán decir que si eso significa entusiasmo, nunca lo han sentido.

Es que cuando se vive en automático, no se siente admiración ni asombro por casi nada en la vida. Todo se hace, se da y se recibe como si la persona careciera de vida, pues la persona cree que lo que tiene, lo debe tener. Quien vive en automático perdió la capacidad de asombrarse o nunca la ha tenido.

La adopción de esa actitud me recuerda unos versos del poeta José Ángel Buesa, *Poema del Renunciam*iento. En ese poema la persona renuncia a demostrar cualquier expresión de amor a la mujer que ama, quizás por miedo al rechazo o porque se siente no correspondido, o se siente inferior a la persona a quien quisiera tener cerca. Sea por la razón que sea, el hombre decidió renunciar a la mujer que ama. Por eso cuando pase frente a ella se sonreirá aunque muera por dentro de dolor por no poder expresarle cuánto le ama, y asegura que ella jamás se dará cuenta de que fue el amor de su vida:[1]

Pasarás por mi vida sin saber que pasaste.
Pasarás en silencio por mi amor y, al pasar,
fingiré una sonrisa como un dulce contraste
del dolor de quererte... y jamás lo sabrás.

Existen personas que pasarán por la vida sin saber que han pasado. Quienes se relacionaron con ellos tampoco se enteraron si fueron amados por ellos, porque no les demostraron amor ni entusiasmo al compartir en los diferentes escenarios. ¡Qué triste es vivir sin demostrar entusiasmo por la vida nuestra, ni por la vida de los demás, ni por el trabajo, ni por nada! Yo le digo a mi esposo que hay personas que murieron y no se han dado cuenta; no lo saben. Se mueven porque físicamente están vivos.

Entusiásmate por la vida, dale un toque de entusiasmo a cada segundo de tu existencia, de optimismo, de fe...dale un toque de alegría a tu vida y a la de otros, y decídete a ser feliz. Comienza a asombrarte con la luz que anuncia un nuevo día, al escuchar el canto de los pájaros, al oír las palabras de quienes te rodean, al experimentar cada experiencia que vives, al llegar a tu hogar, cuando entras a tu área de trabajo. Siembra plantas y admira cada renuevo de ellas y su crecimiento; vigila que los insectos ni los yerbajos le roben la vida ni el verdor.

Así mismo, vigila que ningún yerbajo de esos que crecen en el diario vivir acabe con tu alegría. Llena de fe y esperanza cada uno de tus días, y bendice con palabras de afirmación a quienes te acompañan en el viaje de la vida: "¡Cuánto me alegra verte, qué feliz me hace tu compañía, eres especial, tu presencia me hace sentir paz, tu presencia me llena de alegría!"

Ahora que estás leyendo lo que con tanto amor escribí para ti, me hace muy feliz que te enlaces conmigo en la lectura y tejamos juntos la alegría de vivir. Gracias, gracias por estar ahí.

Estaba sentada en la oficina del dentista y después de esperar por un tiempo, me fijé en un hombre de aproximadamente 78 años que permanecía silencioso. Siempre que veo a una persona me gusta fijarme en sus rasgos más destacados, y aquel hombre tenía unos ojos azules preciosos que permanecían en un rostro en el que ya se marcaban los surcos de la edad. De repente le digo al señor con mucho respeto: "¡Qué bellos ojos usted tiene!" El hombre quedó enmudecido del asombro. Inmediatamente pensé, ¿cuándo sería la última vez que este señor recibió un halago? Por su actitud de sorpresa, posiblemente hacía tanto tiempo que ya no lo podía recordar porque el elogio vive escondido y la crítica saluda aunque no la llamen al escenario.

Cuando amas a quien te creó, a ti mismo y a los demás, vives empapado de alegría, de fe, y de optimismo por la vida que te han regalado. Esa actitud te ilumina y te hace sobresalir dondequiera que estés. Allí en tu trabajo, el entusiasmo es indispensable para realizarlo eficientemente. *En ese escenario del trabajo en el que convergen tantos caracteres, ahí el entusiasmo te hace brillar porque quien trabaja entusiasmado se entrega en todo lo que hace y lo disfruta.* Por eso mientras otros gruñen, los entusiasmados aman lo que hacen y aplauden porque tienen vida. Cada día pueden desarrollar sus capacidades y pueden ver que la empresa para la cual trabajan está progresando con su esfuerzo.

> EL ELOGIO VIVE ESCONDIDO Y LA CRÍTICA SALUDA AUNQUE NO LA LLAMEN AL ESCENARIO.

El presidente de una empresa decía que si tenía que decidir entre dos hombres con casi las mismas habilidades y uno de ellos era entusiasta, sabía que el entusiasta llegaría más lejos. Él creía que el entusiasmo actúa en la personalidad como un poder liberador, y ayuda a dedicar el total de las fuerzas a cualquier asunto. Explicaba que el entusiasmo es contagioso y arrollador. [2]

Por experiencia puedo decir que *el entusiasmo transforma todo lo que toca, y convierte el trabajo más difícil en una experiencia enriquecedora.* Quienes no lo conocen viven aburridos y gruñendo por cada trabajo que necesitan hacer. Pero los que hemos vivido sumergidos en el entusiasmo, sabemos que hasta en la enfermedad somos capaces de hacer cosas que otros no podrían hacer porque no tienen la energía ni la entrega ni la fuerza que solo inyecta el entusiasmo. Y lo mejor de todo es que se contagia más rápido que cualquier enfermedad.

Cuando era adolescente les pedí a mis hermanas que me ayudaran a preparar un sofrito. ¡Imagínense a esa edad, hacer esa "estupenda" invitación con tanta alegría, a trabajar con olor a ajos, cebollas, ajíes y pimientos! Mis hermanas me contestaron con la misma alegría que se las pedí, con un rotundo no. Pero yo, que soy perseverante e insistente (eso dicen ellas), continué hablando con ellas y a la vez le iba quitando la piel a las cebollas, a los ajos, abriendo los ajíes y pimientos, con tanta felicidad como si ellas me hubieran dicho que iban a ayudarme. Repentinamente vi que tres pares de manos se sumergían entre los ajíes y pimientos, ayudándome a quitarles las semillas. De pronto una de mis hermanas dijo: "¿Pero qué pasó? ¡Estamos haciendo sofrito!" Solo había una contestación muy simple: "El amor y el entusiasmo mueven voluntades".

> "EL AMOR Y EL ENTUSIASMO MUEVEN VOLUNTADES".

Por lo tanto, si has vivido hasta ahora sin fuerzas y viendo un obstáculo en cada oportunidad, desaprende el negativismo y comienza a apropiarte del optimismo, la fe y el entusiasmo. Así podrás decir como decía

Winston Churchill: "Un pesimista ve la dificultad en cada oportunidad; un optimista ve la oportunidad en cada dificultad". [3]

Te darás cuenta que cada día adquirirá un nuevo significado cuando sacamos de nuestra vida el pesimismo, la melancolía, la frustración, el rencor, la apatía y todo lo que es negativo, y cultivamos una actitud optimista y entusiasta. Solo así veremos resultados nunca vistos en nuestra existencia. Como dijo Pedro Arrupe, un sacerdote jesuita español: "No me resigno a que, cuando yo muera, siga el mundo como si yo no hubiera vivido". ¿Qué te parece si vivimos de tal manera que podamos lograr contagiar a otros con nuestra manera de vivir?

¡Es tiempo de reflexionar!

Evalúa tus pensamientos diarios que fluyen en tu diálogo interior.

+ ¿Cuáles son los que abundan más, los negativos o los positivos?

+ Dale *delete* a los pensamientos tristes.

+ Comienza un plan de acción para hacer de los buenos pensamientos un hábito.

+ ¿Piensas mucho para sonreír, o el amor a la vida y a los demás está tan a flor de piel que la sonrisa se dibuja con solo tus pensamientos de bien?

+ Ensaya una sonrisa y repítela hasta que lo hagas espontáneamente.

+ Piensa tan solo en lo que enriquece tu vida.

✦ Elimina de tu interior todo pensamiento negativo como la amargura, el odio, la ira, y practica el entusiasmo, el optimismo y la fe.

● ● ● ●

El entusiasmo transforma todo lo que toca, y convierte el trabajo más difícil en una experiencia enriquecedora. ¡Entusiásmate por la vida!

LA ALEGRÍA INVITA A LA DETERMINACIÓN

La capacidad humana es infinita; lo necesario para
materializarla es la determinación. –Jorge González Moore

Determinación es un vocablo de trece letras que exigen un esfuerzo grande al pronunciarlas porque es necesario marcar los sonidos fuertes de la D y la R. Así como pronunciar la palabra requiere mucho esfuerzo, formar esa característica que marcará nuestro carácter y lo dirigirá hacia la consecución de nuestras metas y el desarrollo pleno de nuestras capacidades, exige voluntad y constancia hasta alcanzarla.

Sin lugar a dudas el escritor, poeta e ingeniero colombiano, Jorge González Moore, acertó cuando dijo que la capacidad del ser humano es infinita, y lo necesario para convertir esa capacidad en realidad es la determinación.[1] Quiere decir que tenemos la capacidad de crear y lograr lo que nos propongamos en la vida, así como tantos lo han hecho. Pero, *lo que hace la diferencia entre quienes logran materializar lo que han concebido en su mente y los que mueren sin lograrlo, es la determinación.*

Henry Ford fue aprendiz de mecánico a los dieciséis años en Detroit. A los veinticinco años aproximadamente ya era mecánico, y más tarde se convirtió en jefe de mecánicos de la Edison *Illuminating Company*. A los treinta años, logró construir su primer coche, y a los cuarenta años fundó la *Ford Motor Company*.[2] Es necesario señalar las edades aproximadas de sus trabajos para destacar la importancia de la determinación. Porque un hombre que llegó a construir su primer vehículo y llegó a ser presidente de la *Ford Motor Company*, necesita tener *determinación* entre las características que marcaron su carácter. Esta marca no se adquiere automáticamente. Se adquiere formando hábitos que cuando se van integrando a eso que se llama carácter, marcan al individuo para lograr lo que se propone.

> DETERMINACIÓN ES VENCER LOS MOMENTOS DE DESÁNIMO Y DESALIENTO; ES VENCER LA CRÍTICA Y TODOS LOS GIGANTES QUE SE PUEDEN PRESENTAR.

Determinación es trazarse el camino y tomar la decisión de lograr lo que nos proponemos en la vida para desarrollar al máximo nuestras capacidades alineadas a nuestros principios éticos, y en beneficio de nuestra vida y la de otros. Es brincar los obstáculos y ser persistentes aunque la realidad nos diga que es imposible, que nunca se ha podido lograr, que no tenemos los recursos. Determinación es vencer los momentos de desánimo y desaliento; es vencer la crítica y todos los gigantes que se pueden presentar. *Es vencer los aparentes fracasos y no culpar a nadie de nuestra realidad, sino estar convencidos de que lo vamos a lograr, con la fe y el optimismo que nos acompañan.* Es hacernos responsables de nuestra vida y esforzarnos por encontrar ese algo, ese detalle que no conocemos todavía que es imprescindible para llegar a la meta que no hemos podido lograr. Es nunca perder el ánimo aunque veamos todo en negro. *Es persistir en lograr algo que realmente nos apasiona alcanzar.*

Henry Ford fue un hombre determinado. Prueba de esta determinación fue su decisión de construir el motor de ocho cilindros V8 en un solo bloque. Les dio instrucciones a los ingenieros de lo que quería hacer, y ellos le expresaron que era imposible fundir un motor de ocho cilindros en una sola pieza. ¿Sabes lo que Ford contestó? "Háganlo de todos modos". Ellos insistieron que era imposible, y él les ordenó que pusieran manos a la obra y se esforzaran hasta lograrlo, sin importar el tiempo que les tomara. Los ingenieros se vieron en la obligación de obedecer a su jefe, y después de seis meses no lo habían podido lograr. Pasaron seis meses más y parecía todavía más imposible.

Al finalizar el año, Ford habló nuevamente con sus ingenieros y les comunicó: "Sigan trabajando. Lo quiero y lo tendré". Finalmente lo imposible se hizo posible. El motor V8 fue una realidad que se convirtió en el automóvil más destacado en la carretera, y permitió que la empresa de Ford sobresaliera sobre sus competidores. Eso es determinación. *Quien es determinado es persistente, y no se rinde frente a lo que desea alcanzar,*[3] *aunque los demás piensen que es imposible.* Es necesario aclarar que hay personas que persisten en una meta, pero no trabajan para alcanzarla. Esta conducta no es determinación; es obstinación, terquedad. Quien es determinado trabaja y se esfuerza constantemente.

Como ya he explicado en un capítulo anterior, el carácter se va formando con las diferentes influencias que recibimos desde que nacemos. Por tanto, si no tienes el rasgo de la determinación, lo puedes aprender. No obstante, para aprender algo, necesitamos anhelarlo porque somos conscientes de que carecemos de ese algo o quizás lo tenemos, pero lo queremos perfeccionar. Una planta crece todos los días aunque a veces es imperceptible, pues el cambio comienza desde donde no se ve. Así mismo nosotros debemos aspirar a crecer todos los días y fortalecer nuestro carácter.

Es hora de comenzar a ser una persona determinada.

+ ¿Estás en el lugar donde deseas estar?

+ Define las metas que están dirigiendo tus pasos.

+ Si no te has trazado metas, es bueno que te preguntes, ¿cuál es tu propósito de vida? Es necesario que pienses: ¿Cuál es el legado que quieres dejar cuando te vayas de este mundo?

+ Evalúa cada una de las costumbres que te han acompañado en el viaje de tu existencia. Observa si te han ayudado a crecer y a conseguir las metas que tienes, si es que ya las habías definido.

+ Abandona tu zona de comodidad que te permite actuar automáticamente sin que tengas que esforzarte mucho pensando en lo que estás trabajando. Por eso es que tienes tanto tiempo para divagar en tu diálogo interior entre ideas negativas que te atrasan.

+ Comienza a desarrollar nuevas costumbres que se conviertan en hábitos que te ayuden a alcanzar tus metas. Es como cuando hay un objeto que necesitamos y está inalcanzable porque se encuentra en un lugar muy alto. Lo primero que pensamos es en cómo podemos alcanzarlo. Sea con una silla o una escalera o de la forma que sea después que no atente contra nuestra seguridad, lo importante es buscar posibles soluciones para que podamos lograr nuestro propósito.

Imagínate que en lugar de buscar esas posibles soluciones nos sentáramos en el piso a lamentarnos: ¿Por qué soy tan bajito? ¿Qué pasó con la genética de mi familia? ¿Por qué mis padres fueron de tan baja estatura? ¡Por culpa de ellos soy bajito! ¿Por qué no tengo una escalera en mi casa para alcanzar lo que quiero? La lista de quejas y excusas para alcanzar el objeto sería interminable, y finalmente, el objeto se quedaría inalcanzable. La actitud correcta es buscar la forma de resolver hasta que la encontremos; no quedarnos en la inactividad.

* Desarrolla hábitos que te ayuden a convertirte en alguien con determinación. ¿Qué pasaría si te sigues lamentando de que todo te sale mal, de que nunca terminas lo que empiezas, pero no haces cambios?

Si sigues reciclando los mismos pensamientos que alimentan las malas costumbres adquiridas, por más que te quejes y digas que necesitas cambiar, si no tomas acción seguirás siendo la misma persona con los mismos resultados. Para tener nuevos resultados debes adquirir nuevos conocimientos que amplíen el horizonte y sustituyan los conocimientos equivocados que traes desde tu hogar de origen, y de los que has recogido en tu caminar por la vida.

* Comparte con personas que tengan hábitos que les hayan conducido al éxito, y que posean el conocimiento necesario para nutrir tu vida. El sentir que estás cerca de personas que te nutren con sus conocimientos, sus buenos hábitos y sus palabras de afirmación te llena de energía, optimismo, entusiasmo y determinación.

* Desarrolla hábitos de lectura que se relacionen no solo con el tema que te apasiona, sino con temas de superación personal y vida espiritual.

+ Involúcrate de tal manera en las metas que te has trazado, que puedas llegar a detectar las áreas que necesitas fortalecer para poder alcanzarlas. Mientras más seguridad tengas de tus capacidades, más determinación tendrás para hacer lo que has planificado.

+ Toma tiempo para reflexionar. La carrera desenfrenada en la que las personas van a su trabajo, regresan al hogar, salen con sus grupos de amistades a divertirse y la algarabía cotidiana les mantiene distraídas de su mundo interior, lugar en el que se libran las batallas más grandes del ser humano.

Es imprescindible separar momentos en el que apaguemos el mundo exterior donde viven las distracciones, y nos concentremos en nuestro ser interior. Así podremos reflexionar sobre nuestras necesidades, nuestras fortalezas, nuestras carencias, nuestros proyectos con sus respectivos planes de acción, sobre nuevos hábitos que debemos desarrollar, las heridas que necesitamos sanar, y cualquier otro asunto que esté rondando en nuestro interior sin la debida atención.

Finalmente, un corazón herido se queda entretenido en sus heridas y no ve posibilidades. Un corazón amargado pierde creatividad porque se queda contemplando a su "pobrecito yo". De ninguna manera la persona que anhela ser determinada se puede victimizar. Por el contrario, necesita amarse a sí misma, amar a los demás, sentir que está en control porque no está sola, y sentirse capaz de lograr lo que desea porque está repleta de capacidades, metas y sueños por alcanzar.

+ Elimina las frases "no puedo", "es imposible", "tengo miedo", "no sé cómo hacerlo", "tal vez lo haré mañana". Sustitúyelas por "sí puedo", "todo es posible para quien cree". Esas palabras positivas infunden aliento y determinación para alcanzar las metas.

* Si estás en depresión, abandónala para que puedas convertirte en alguien con determinación. Quien está deprimido no tiene determinación ni para salir de su estado emocional. ¡Imagínate cómo trazará metas con planes de acción! *Es necesario conquistarnos primero a nosotros mismos, antes de aspirar a conquistar nuestras metas.*

* Aprende de tus errores y aparentes fracasos, en lugar de frustrarte. ¿Te imaginas qué hubiera pasado si Thomas Alva Edison se hubiera rendido ante los primeros intentos que hizo para lograr inventar la bombilla? Edison logró el invento de la bombilla después de haber realizado más de 1.000 intentos para conseguirlo. Uno de los discípulos que colaboraba con él en el taller le preguntó si no se desanimaba ante tantos fracasos y Edison le respondió: "¿Fracasos? No sé de qué me hablas. En cada descubrimiento me enteré de un motivo por el cual una bombilla no funcionaba. Ahora ya sé mil maneras de no hacer una bombilla".[4] ¡Qué manera tan optimista, tan llena de determinación y de creatividad para ver las situaciones cuando no salen como esperábamos!

Edison vivió otra situación que demuestra una determinación férrea, cuando en 1914 un incendio destruyó su laboratorio. Se dice que los daños excedían los dos millones y el seguro tan solo le cubría $238,000 porque la estructura era de concreto y se consideraba a prueba de incendio. Gran parte de su obra se perdió consumida por las llamas.

Su hijo de veinticuatro años lo buscaba desesperado en medio de la tragedia, y lo encontró observando tranquilamente el incendio. Mientras su hijo lleno de tristeza contemplaba a su padre de sesenta y siete años, viendo cómo las llamas acababan con todo, su padre le preguntó dónde estaba su madre. Su hijo le contestó que no sabía, e inmediatamente Edison le dijo que la buscara para que viera aquel incendio porque jamás podría ver algo igual.[5]

Cuando no forcejeamos con la realidad que no podemos cambiar y asumimos esa actitud de Thomas Alva Edison, nos convertimos en personas que somos más que vencedoras.

+ Selecciona amistades que sean buenas influencias y contribuyan a enriquecer tu carácter. Mis padres siempre nos enseñaron a seleccionar amistades que nos añadieran, y no que nos restaran.

+ Elimina las excusas de tu mente; esas que te atrasan en tu progreso.

+ Valora cada minuto de tu vida, porque el tiempo que no aproveches no volverá a repetirse.

Ser determinado no es algo que llega automáticamente y se incorpora en las características que nos definen. Es un elemento de nuestro carácter que hay que construir e ir alimentando diariamente con nuestras acciones. Lo contrario de una persona determinada es una persona inconstante. Alguien inconstante es considerado como una persona de "doble ánimo" porque es fluctuante en su manera de pensar, de actuar y hasta en su forma de relacionarse con los demás.

Quien es inconstante, hoy tiene ánimo y hace todo el trabajo excelente, y mañana no tiene "ganas" de hacer nada. Como consecuencia, producirá menos.

Hoy se levanta rápido en la mañana y se va a trabajar, y mañana llama al jefe diciéndole que él cree que se está enfermando y se ausenta. Quien vive así no logrará absolutamente nada porque vive de estados de ánimo, de emociones, en lugar de vivir moviéndose por principios. *Las emociones varían de día en día, pero los principios se arraigan en nuestro corazón* y nada ni nadie los puede arrancar, porque están entretejidos en todo nuestro ser.

Quien vive de estados de ánimo hará las cosas si "siente ganas". Quien vive de acuerdo a principios lo hará aunque "no tenga ganas" porque tiene un compromiso consigo mismo y con los demás. Quien coloca las emociones en primer lugar hará las cosas si tiene ganas, pero quien se mueve por principios, lo hace aunque no tenga ganas de hacerlo, aunque le falten las fuerzas, aunque pierda la vida, porque los principios son una fuerza indestructible. No los destruye el dinero ni la fama ni el miedo. Permanecen erguidos hasta que morimos, y descansan con nosotros cuando nos falta el aliento.

De ahora en adelante eliminarás la frase "no tengo ganas de", y harás lo que te corresponde hacer. *Cumplirás con todas tus responsabilidades, porque primero es la acción y después es la emoción.* Como nos decía nuestra madre: "Las ganas se hacen". Aunque no tengas "ganas", hazlo, que después que comienzas a hacerlo, cobras ánimo y al terminar tu labor llega la satisfacción del bien hecho o la responsabilidad realizada, y esa satisfacción es la emoción. No te desanimes. Sigue hacia delante hacia tu meta porque si no desmayas, la alcanzarás.

Thomas Carlyle, escritor e historiador escocés del siglo XIX, es un ejemplo vivo de lo que es una persona determinada. Este hombre prestó su manuscrito de la Revolución Francesa a un amigo suyo, y el criado de su amigo usó el manuscrito para encender el fuego. Se dice que el escritor al saberlo, lo reescribió con toda su calma.[6] Para aquellos que sabemos lo que implica escribir un libro, esta historia es sobrecogedora. ¡Ver horas y horas y horas de trabajo usados para prender un fuego! Eso es determinación: no perder tiempo en lamentarse y trabajar sin cesar hasta lograrlo.

Cuando conocemos estas historias de personas como tú y como yo, renovamos nuestro ánimo y nuestra determinación para alcanzar nuestros más altos anhelos, no importa cuánto nos cueste. Pero para lograrlo nos tenemos que entrenar, aprendiendo a vencer primero los obstáculos más sencillos hasta lograr vencer los invencibles. Si nos ahogamos en un vaso de agua, ¿cómo nos sumergiremos cuando llegue el momento de hacerlo en el océano?

La determinación es una característica clave en el área de trabajo. *La persona determinada cumplirá fielmente las tareas que le corresponden, y tendrá la creatividad para pensar en nuevas alternativas para lograr las metas de la empresa y aumentar su productividad.* Está capacitada para trabajar con un mínimo de supervisión porque posee la determinación de ser responsable y leal a la compañía, y cumplir con lo que se espera de ella, y más. Quien dirige la compañía no tiene que vivir recordándole lo que tiene que hacer, porque su entrega a su trabajo le permite ser eficaz.

LA DETERMINACIÓN ES CAPAZ DE HACER LO QUE MUCHAS VECES LA INTELIGENCIA NO ALCANZA.

Fíjate en que la determinación de la cual estamos hablando es la basada en principios, porque el dueño de un punto de drogas está determinado a dominar una región, pero para lograrlo asesina, traiciona y elimina sin compasión a todo aquel que se interponga en lograr su propósito. Pero quien ha construido su determinación sobre principios sólidos, logra sus anhelos y cumple todas sus responsabilidades sin aplastar ni dañar a nadie porque tiene amor, alegría y paz. La determinación es capaz de hacer lo que muchas veces la inteligencia no alcanza. Por eso tantos empresarios prefieren entre dos empleados inteligentes, el que demuestre ser una persona determinada.

¡Es tiempo de reflexionar!

+ Evalúa tus ejecutorias para que puedas descubrir si eres una persona determinada o si eres una persona fluctuante.

+ ¿Qué opinión tienen de ti tus compañeros de trabajo y tu jefe inmediato?

+ ¿Ves en todo una dificultad, o ves en toda dificultad una oportunidad para ejercitar la determinación?

+ ¿Qué te propones lograr, que hasta ahora no lo has hecho por falta de determinación?

+ Describe tu plan de acción.

● ● ● ●

Quien es determinado es persistente, y no se rinde frente a lo que desea alcanzar, aunque los demás piensen que es imposible.

LA ALEGRÍA ES EL DETONANTE DE LA ENERGÍA

"La energía positiva se produce en un corazón libre de contaminantes emocionales." –Norma Pantojas

La energía es la capacidad de realizar cambios o trabajo. No se puede producir trabajo sin energía. Hay muchos tipos de energía, y entre ellos está la energía de los seres vivos o metabólica, esa que el cuerpo produce para llevar a cabo todos sus procesos. Los científicos dicen que en nuestro cuerpo tenemos unos 50 millones de células que necesitan energía para su funcionamiento, y estas son las responsables de que nuestro cuerpo funcione. El cuerpo transforma lo que comemos en agua, bióxido de carbono y en energía, utilizando el oxígeno de la respiración. Esa energía que obtenemos de los alimentos, el cuerpo la transforma en movimiento, en calor y en electricidad, que es la responsable de transmitir los impulsos nerviosos.[1]

¡Imagínate si fuera negativa la energía que producimos para que esos cincuenta millones de células funcionen! Toda esa cantidad de negatividad invadiría nuestras emociones, actitudes y acciones, afectando así todo nuestro ser desde los pies a la cabeza. La información sobre lo que pasa en nuestro cerebro se conoce gracias a los estudios donde los científicos han podido observar cómo se iluminan diferentes regiones del cerebro de acuerdo a los pensamientos y a los sentimientos que experimentan las personas estudiadas en ese determinado momento.

Así como los vehículos de motor necesitan combustible para moverse de un lugar a otro, el cuerpo humano necesita energía para vivir y ser productivo. Podríamos decir que la mayoría de las personas saben que el cuerpo necesita descanso, buena alimentación, ejercicio, tiempo de esparcimiento y relacionarse con otros. Pero, ¿cuántos saben cuáles son los elementos que incrementan los niveles de energía en nuestro cuerpo, y cuáles son los que le restan?

UN SIMPLE PENSAMIENTO CAMBIA NUESTRO CUERPO.

El doctor Joe Dispenza explica en su libro, *Desarrolle su cerebro*, cómo un simple pensamiento, sea de bien, de enojo o de tristeza, de inspiración o dicha, desencadena una tormenta eléctrica que invade diferentes zonas de nuestro cerebro liberando una gran cantidad de neuroquímicos, que envía mensajes al sistema inmune para efectuar algunas modificaciones. Un simple pensamiento cambia nuestro cuerpo.[2]

Quiere decir que podemos vivir de acuerdo a una nutrición saludable complementada con ejercicios, pero si no cambiamos nuestra manera de pensar, nuestro cuerpo no recibirá lo que necesita para funcionar con alegría y energía. Ese mismo mensaje lo expresa el reconocido autor británico Oscar Wilde en la siguiente cita de su autoría: "Qué raro que no me dijeran que el cerebro puede albergar, en una diminuta célula de marfil, el cielo de Dios o el infierno".[3] Un mal pensamiento recurrente te hace vivir un infierno, aunque eso que piensas no sea real. Un buen pensamiento, aunque estés atravesando momentos de dificultad, te hace sentir como en el cielo y te llena de energía para continuar.

Recrear un recuerdo de un evento triste significativo, no importa cuánto tiempo haya pasado, te hace revivir las emociones como si estuvieras experimentando en ese instante el incidente traumático que estás recordando. Wilde sabía muy bien lo que significaba estar en el infierno, pues estuvo dos años encarcelado por el delito de sodomía,[4] al ser hallado culpable por la acusación que le hiciera el padre de un amigo suyo con quien sostenía una amistad. Fue condenado a dos años de trabajos forzados. En la cárcel, Wilde escribió *De Profundis* (1895), una extensa carta de arrepentimiento por su pasado estilo de vida. Al salir de la prisión estaba arruinado material y espiritualmente. Nos podemos imaginar los momentos de dolor y de infierno que pasó este hombre reviviendo su pasado y llorando su soledad emocional.

Estoy convencida de que las emociones tóxicas como el desengaño y la frustración que experimentó en la cárcel, y saber que cuando saliera estaría en la ruina, le robaron a este hombre la energía y la alegría. ¡Cuánto tiempo pasó Oscar Wilde reciclando los mismos pensamientos negativos una y otra vez en ese diálogo interior continuo! Los pensamientos negativos te tiran emocionalmente en un rincón, te quitan las fuerzas para vencer cualquier dificultad, y te conviertes en su esclavo mientras llegas a creer que no te puedes liberar de ellos. Es mi anhelo que comprendas que te puedes liberar de la negatividad y llenarte de energía.

Todos pensamos entre 350 y 700 palabras por minuto.[5] Pensamos más rápido de lo que hablamos. Quiere decir que cuando estamos solos, la mente comienza a divagar, y si tomamos el número de trescientas palabras por minuto como referencia, en una hora pensaríamos veintiún mil palabras. Si lo llevamos a catorce horas, serían doscientos noventa y cuatro mil palabras las que pensaríamos. Tomando en cuenta que la mayoría de los pensamientos del diálogo interior es negativa y que actuamos como pensamos, la mayoría de las personas comprenderían el porqué su vida no progresa. Así que si actuamos como pensamos, la negatividad sería quien dominaría nuestras acciones.

Alexis Carrel, un médico francés que recibió el Premio Nobel de Medicina, hizo una aseveración que todos debemos analizar y aplicar a nuestra existencia: "La oración es la más poderosa fuente de energía que existe porque ella nos conecta con el poder de Dios, del cual provienen todas las energías y luces que necesitamos. Yo, como médico, me he encontrado con centenares de personas que después de buscar inútilmente en la ciencia y en las ayudas humanas la salud y la alegría que anhelaban, recurrieron a la oración, y el cielo les envió la respuesta tan admirable que lograron vencer la enfermedad y la melancolía".[6] Esa importante afirmación no viene de alguien que carece de una experiencia científica. Viene de un médico reconocido por su labor como profesional, y por su riqueza emocional y espiritual.

Veamos también lo que afirma en uno de sus libros, el psiquiatra y fundador de la psicología analítica, el doctor Carl Jung: "Durante los últimos 30 años han venido a consultarme miles de personas angustiadas, provenientes de muy diversos países y de toda clase de condiciones sociales. Y hasta ahora no he encontrado una sola cuyo problema no fuera no haber confiado debidamente sus problemas al Dios Todopoderoso que todo lo puede solucionar y mejorar. Puedo decir que todos mis pacientes estaban enfermos de los nervios y angustiados, porque no habían tenido la suficiente fe en la Divinidad, como para confiar en la bondad de Dios que le podía dar soluciones a sus problemas".[7]

Creo firmemente que el creer en un Dios que todo lo sabe, que todo lo puede, que está en todas partes y escucha a todo aquel que cree en Él y se acerca a Él, nos equipa con la confianza y la seguridad necesarias para hacerles frente a todos los retos que conlleva el estar vivos. El tener la certeza de que resolvemos lo que está en nuestras manos hacer y confiamos en un ayudador que se encargará de lo humanamente imposible, nos aleja de las preocupaciones que nos restan energía, y nos capacita con la seguridad y la confianza de que Dios nos suplirá todo lo que nos falte y nos llenará de energía para continuar nuestro viaje por la vida. Esa energía que proviene de Él nos hace sentir poderosos, y nos permite comprender que no habrá absolutamente nada que nuestro Dios y nosotros no podamos enfrentar.

Santa Teresa de Jesús, una monja que vivió en el siglo XVI, recoge en unos versos sencillos, pero elocuentes, la actitud correcta que debemos asumir cuando enfrentamos dificultades:

> Nada te turbe, nada te espante;
> todo se pasa, Dios no se muda;
> la paciencia todo lo alcanza.
> Quien a Dios tiene,
> nada le falta.
> Solo Dios basta.[8]

El consejo de esta mujer es acertado porque ella sabía que no se gana energía con la preocupación, ni se logra resolver nada con esta. Tampoco un problema dura para siempre porque con el tiempo, todo se acaba. Además, Dios está con nosotros como ayudador fiel, porque Él no se va de nuestro lado. La monja concluye diciendo que con paciencia todo se alcanza, y cierra con broche de oro exhortándonos a enfrentar la vida con gallardía. Con el solo hecho de saber que Dios está presente, podemos descansar y ser conscientes de que Dios es suficiente: "Solo Dios basta".

A pesar de que estos versos fueron escritos en el siglo XVI encierran una gran verdad científica en nuestro presente. Joe Dispenza afirma en su libro *Desarrolle su cerebro* que la respuesta al estrés deteriora nuestras funciones cognitivas básicas porque provoca que parte del flujo sanguíneo que llega al cerebro se aleje de nuestro centro cognitivo más elevado. En lugar de razonar y planificar una respuesta adecuada, la persona lo que hace es reaccionar de manera inconsciente a la situación que se le presenta.

Dispenza concluye que la mayoría de las personas no pueden pensar con claridad en momentos de estrés.[9] Es por eso que en las entrevistas de trabajo, por lo general le preguntan a los entrevistados si pueden trabajar bajo presión. La mayoría de las personas no logran gobernar el estrés para poder encontrar las soluciones acertadas. Podemos afirmar que quienes aprenden a ser felices a pesar de las circunstancias, y pueden manejar sus situaciones personales aceptando lo que no pueden cambiar y solucionando lo que está en sus manos hacer, sí pueden rendir una labor eficiente a pesar del estrés que enfrenten. Estas personas han desarrollado el arte de mantener la paz mental dominando sus emociones, y sabiendo que Dios siempre va a estar a su lado porque Él no se muda. Recuerda: "Solo Dios basta".

Debe quedar muy claro que por más que cuidemos nuestro cuerpo físico para mantener en orden los niveles de energía, si no cuidamos la parte emocional y espiritual, nuestros niveles de energía irán disminuyendo vertiginosamente. La energía nace y se multiplica en un corazón lleno de alegría que se siente en control con lo que le rodea. Se siente feliz con quien es en lo más profundo de su ser, en ese lugar donde nadie puede entrar ni ver. Sin embargo, cada persona sabe lo que se encuentra en sus profundidades emocionales.

La energía es uno de los frutos de la alegría. Quien tiene la alegría que procede de una profunda paz interior se siente en un banquete continuo, pues logra llenar el área de las preocupaciones con la fe y la certeza de que tendrá la sabiduría para enfrentar las situaciones difíciles. Cuando pensamos en energía lo asociamos con movimiento, acción, fuerza, poder, ánimo, luz, calor; deseos de vivir, de trabajar, de amar. La alegría genuina conecta con el amor, y nos motiva a hacer lo que es congruente con el bien. Además, se transforma en una experiencia preciosa cuando la compartimos con otros, y logramos que entre un poco de luz en corazones que están ya tiesos por el dolor y la amargura por haber perdido el movimiento que produce la energía. Y es que la alegría provoca cambios en nuestra vida porque como ya hemos mencionado, un solo pensamiento provoca cambios en todo nuestro ser.

La energía es contagiosa y mientras más la usamos, más se multiplica; no se acaba. Pero es necesario alimentarla con pensamientos de bien, de gratitud, de templanza, dominio propio, amor al prójimo, servicio a otros y todo lo que pueda ayudarnos en el crecimiento emocional y espiritual. Mi esposo me regaló un carrito de golf rojo, y a pesar de que tiene varias baterías, siempre es necesario recargarlas. Cada vez que lo usamos varias horas, lo dejamos cargando las baterías para poder seguir disfrutando junto a nuestra familia la alegría de vivir. Esa actitud de cargar las baterías de

> LA ENERGÍA ES CONTAGIOSA Y MIENTRAS MÁS LA USAMOS, MÁS SE MULTIPLICA; NO SE ACABA.

nuestra vida así como cargamos las del carrito, nos ha permitido a mi esposo y a mí enfrentar los momentos más difíciles con una actitud de vencedores, esa que siempre ve una oportunidad en cada dificultad.

Esta energía que hemos descrito es positiva. Sin embargo, hay una que es sumamente negativa que también es contagiosa, y te dirige al desaliento, a la queja, a permanecer quieto, aislado y en la oscuridad. Te cargas con energía negativa cuando odias, guardas rencor, recuerdas las tristezas del pasado, te abstienes de perdonar, practicas la venganza, cultivas la envidia y codicias lo que otros tienen. *Todo lo que puedas pensar que sea negativo te resta energía y te quita movimiento.* De igual manera, en el trabajo te resta productividad, creatividad, alegría y deseos de trabajar.

> LAS EMPRESAS QUIEREN RECLUTAR PERSONAS LLENAS DE ENERGÍA POSITIVA QUE MOTIVEN A OTROS CON SUS BUENAS ACTITUDES.

Las empresas quieren reclutar personas llenas de energía positiva que motiven a otros con sus buenas actitudes. Esa vitalidad que proyectan quienes están llenos de amor, alegría, optimismo y energía provocan que la empresa crezca con el estímulo y la fuerza que produce un cuerpo que está lleno de entusiasmo por la vida. Un cuerpo lleno de energía será mucho más saludable, por lo que disminuirá el ausentismo y terminará los trabajos en menos tiempo que un cuerpo acongojado por recuerdos, problemas o preocupaciones que trae de su casa o de su pasado. Las personas que tienen esa energía lo dejan ver en sus actitudes y sus acciones.

Si esa energía es la que prefieren los empresarios, la que prefiere la familia y la que admiramos cuando alguien exhibe esa brillantez, ¿por qué no todos la desarrollan si está al alcance de toda

70

persona que la anhele? Primero porque *muchos no se han dado cuenta de que conversan con ellos mismos aproximadamente catorce horas al día y su diálogo es negativo; y segundo, porque creen que no pueden cambiar.*

En una consejería atendí a una persona que estaba frustrada porque en su trabajo no lo ascendían aún teniendo una maestría. Cuando continué entrevistándolo descubrí que en su escuela siempre le pasaron a otros por encima de la posición que ocupaba en el juego de pelota, siendo él un pelotero excelente. Cuando finalmente llegó el momento anhelado de firmar para un equipo, no pudo por estar enfermo.

Él se detuvo en este último momento de su vida hasta el día de hoy. Ha sufrido mucho porque se siente estancado. Le expliqué que él se ha sentido derrotado desde el momento en que no pudo firmar el contrato que tanto había anhelado, y se ha sentido un fracasado toda la vida. Los pensamientos que él repite en su diálogo interior son negativos y la imagen que está proyectando es de incapacidad y derrota. Por lo tanto, cuando asiste a las entrevistas no se da cuenta de que él mismo se descalifica.

Ningún empresario quiere contratar a una persona negativa ni que cargue con quejas de quienes no le ayudaron en su desarrollo, o que siente que la vida es injusta y le "pasaron por encima" en una oportunidad de ascenso. *Los líderes de compañías buscan personas seguras de sí mismas que no le teman ni a la presión, ni a los obstáculos, ni al mucho trabajo, ni al qué dirán.* Seleccionan a individuos que saben trabajar en equipo, que fijan su mirada en las metas de la empresa, y no se desenfocan por nada ni por nadie; individuos que logran alcanzar lo que se espera de ellos y mucho más.

¿Cómo mantener la energía positiva
en un mundo tan negativo?

+ Presta atención a tus pensamientos y cuenta cuántos pensamientos negativos mantienes en tu diálogo interior durante una hora.

+ Mantente consciente de tus pensamientos y comienza a sustituir los pensamientos negativos por pensamientos positivos.

+ No les abras la puerta a pensamientos negativos ni permitas que entren y se sienten en tu mente, porque se instalarán en tu cerebro y perjudicarán tu manera de vivir.

+ Enfoca tus pensamientos en posibles soluciones, y no en pensar y acariciar problemas.

+ Ayuda a otros a alcanzar sus metas. Eso te mantendrá lleno de energía y alegría.

● ● ● ●

¡Conviértete en la persona que toda empresa anhela tener!

LA ALEGRÍA DA DIRECCIÓN A LA VISIÓN Y A LA MISIÓN

"Yo construiré un carro motorizado para la gran multitud…. Será de tan bajo precio que ningún hombre con un buen salario será incapaz de poseer uno, y disfrutar con su familia de la bendición de horas de placer en los grandes espacios abiertos de Dios." – Henry Ford, expresando con convicción su extraordinaria y vívida Visión, a fines del Siglo 19, cuando los caballos eran el medio de transportación general.

Nuestra familia acostumbra dar un paseo los domingos después de almorzar. La pregunta que sale de labios de mi esposo es: "¿A dónde quieren ir?". Confieso que en ocasiones he contestado: "A donde quieras, lo importante es compartir y dar una vuelta". En un momento dado, esa respuesta no parece importante, pero si es constante y se usa en áreas trascendentales de nuestra vida que pueden determinar nuestro destino, entonces nos tenemos que detener en el camino ahora y pensar: "¿Qué visión tengo para mi vida? ¿Qué quiero llegar a realizar con la vida que Dios me regaló? ¿Qué voy a hacer para llegar a concretar esa visión de tal manera que pueda ver en la realidad la visión que desarrollé en mi mente?".

> EL CAMINO DE LA VIDA NO ESTÁ CONSTRUIDO. LO VAMOS CONSTRUYENDO NOSOTROS CON LAS DECISIONES QUE TOMAMOS.

Finalmente, es necesario establecer el propósito: ¿Para qué o por qué lo haces? Jamás digamos: "Vida, destino, llévame a donde tú quieras". Recuerda unos versos de Antonio Machado,[1] un poeta español del siglo XIX, quien magistralmente nos describe que el camino de la vida no está construido. Lo vamos construyendo nosotros con las decisiones que tomamos. Cada decisión deja huellas de amor o de amargura, de alegría o de tristeza, de optimismo o pesimismo, de felicidad o infelicidad, y así es como cada uno de nosotros construimos nuestro camino. *Nadie es responsable de la calidad de la construcción de nuestro camino; solo nosotros mismos determinamos los materiales que usaremos para construirlo.* El poeta nos recuerda en estos versos que debemos dar bien nuestros pasos porque no podemos volver atrás para trazar un nuevo camino ni para retocarlo.

> Caminante, son tus huellas
> el camino y nada más;
> Caminante, no hay camino,
> se hace camino al andar.
> Al andar se hace el camino,
> y al volver la vista atrás
> se ve la senda que nunca
> se ha de volver a pisar.
> Caminante no hay camino
> sino estelas en la mar.

Cuando mi nieta tenía siete años estaba viendo un programa de televisión en el que las niñas estaban haciendo unas coreografías. Al ver las rutinas de baile me dijo: "Abuelita, yo quiero ser famosa". Inmediatamente le pregunté "el porqué y el para qué", pero ella no me supo contestar. ¡Ya pueden imaginar la explicación que le di! Desde pequeños es necesario que ellos puedan ver que todo lo que hacemos debe tener un propósito si es que anhelamos edificar vidas sólidas con dirección y resultados dignos que no solamente beneficien la vida personal, sino la vida de familia, de comunidad, en el trabajo y en todo lo que esté al alcance de su ser. ¡Eso es vivir!

La alegría de vivir juega un papel determinante en la forma de establecer cuál es nuestra visión, nuestra misión y nuestro propósito. La alegría de vivir es una frase muy mía que la he aplicado en todas las áreas de esta vida que Dios me ha regalado. Cuando apreciamos un regalo que nos han hecho, lo cuidamos, lo colocamos en un lugar privilegiado, se lo enseñamos a quienes comparten con nosotros diariamente, y vivimos agradecidos de esa persona que nos hizo el regalo, porque se tomó el tiempo para encontrar un obsequio que nos llenara de alegría. Pueden pasar los años, y ese regalo que con tanto amor nos hicieron permanece intacto en nuestro corazón, alimentando el amor que nos une a esa persona.

Así mismo, solamente alguien que ha descubierto la alegría de vivir porque aprecia el regalo de vida que Dios le ha hecho, puede trazar su destino con una visión, una misión y un propósito que no solo transforme su vida, sino que pueda llegar a quienes pueda tocar con su influencia, tanto en su hogar como en la comunidad, como en su trabajo.

Quien está seco por dentro no puede florecer ni embellecer a otros con su vida. Y quien no tiene esa alegría que produce un gozo, un deseo de vivir y un amor indescriptible no puede tener pensamientos de bien para edificar y motivar la vida de otros. ¿Cómo sembrar en otros la semilla de aquello que carecemos? Para sembrar es necesario tener a la mano esa semilla de lo que queremos cosechar.

¿Cómo pensar en la visión de una empresa si nuestra visión está empañada por la depresión, la amargura, el rencor, el desasosiego? Quien no tiene alegría es incapaz de elaborar propósitos nobles. Su mente está dividida entre lo que quiere lograr y la costra del pasado que le recuerda todos los días su amargura y su desdicha personal. Una vida llena de desengaños es incapaz de elaborar una buena visión, misión y propósito. Pero *una persona llena de amor, sosiego, agradecimiento, optimismo, entusiasmo, paz y fe producirá pensamientos, sentimientos y acciones que beneficiarán la empresa.* Todo lo que expresamos es producto de lo que hay en lo más profundo de nuestro corazón.

En un estudio publicado en la revista *Perspectives on Psychological Science*, sicólogos de la Universidad de Minnesota hicieron un análisis de los cinco grandes rasgos de personalidad que las empresas buscan a la hora de contratar empleados.[2] Esas características resultaron ser:

+ Escrupulosidad

+ Amabilidad

+ Estabilidad emocional

+ Extroversión

+ Receptividad a las nuevas experiencias

El estudio indica que la escrupulosidad ocupa el primer lugar: la confiabilidad, la perseverancia y el orden. En segundo lugar, la amabilidad: ser cooperador, flexible y tolerante.

Observa que quien demuestra estabilidad emocional es porque ha desarrollado un carácter que se rige por principios, por tanto es escrupuloso en sus actos. Por eso siempre será consciente de que sus acciones sean congruentes con sus principios, lo que le convertirá en una persona confiable y perseverante que se adapta fácilmente, es servicial, flexible, y es tolerante para lidiar con diferentes caracteres en distintos escenarios. Una persona que reúne todas esas características está marcada por la verdadera alegría que define a quienes están en paz con su Creador, con ellos mismos y con los demás.

Cuando estudiaba la maestría en consejería, tenía un profesor a quien yo amaba mucho, pero pensábamos diametralmente opuesto en la manera como debemos vivir y dialogar con nuestros hijos. A pesar de que él era el profesor, yo me atrevía a diferir con él con mucho respeto, aunque mis compañeros me advertían que me iba a ir mal por eso. Pero mis principios nunca permitieron que yo callara por miedo a lo que pensara de mí el profesor, porque mi misión ha sido siempre enseñar a las personas a edificar familias saludables que nutran a sus miembros día a día, y los capaciten para vivir dignamente.

Un día, después de yo haber dado una contestación en clase sobre un tema candente que se estaba discutiendo, el profesor me dijo delante de todo el grupo que yo no podía dar consejería desde mis principios. En ese momento yo le contesté muy respetuosamente que si era así, entonces nadie podría dar consejería, porque lo que cada individuo aprende a lo largo de su vida, incluyendo la universidad, lo siembra en el terreno emocional y espiritual que ha ido formando con las diferentes experiencias vividas. Le expliqué al profesor que lo que yo sí sabía que no podía hacer era obligar a las personas a pensar o actuar como yo. Cada uno actúa de acuerdo a la visión, misión y propósito que tiene grabado en su ser, y si no los tiene grabados, también actúa conforme a esa carencia. Debido a esa carencia de principios vemos corrupción y toda clase de atropellos hacia el prójimo.

Andrés Hatum, escritor, consultor de empresas y profesor invitado de negocios de Latinoamérica y Europa, afirma que para la fuerza laboral joven, el compromiso requiere coherencia entre lo que se dice y lo que se hace, entre lo que está escrito en la misión y las políticas de la empresa, y lo que es demostrado por sus gerentes.[3] Imagínate qué coherencia puede haber entre la misión de una empresa y una persona triste, llena de ira contenida y sin deseos de vivir.

Quiere decir que la visión y la misión no son para que permanezcan escritos en un documento que se les entrega a los empleados en el momento en que se contratan sus servicios para luego archivarlos por siempre. Son para revisarse periódicamente y determinar si es necesario hacer cambios a tono con el progreso de la tecnología, pero sin afectar los valores, que nunca pasan de moda ni es necesario modificar. Eso que ha definido la empresa a través de los años no se puede alterar de ninguna forma.

Todo lo que dirige el funcionamiento de una empresa es para que, desde el presidente de la compañía hasta la persona de menor rango, demuestren coherencia entre lo que está escrito y lo que practican en su área de trabajo. Eso se llama compromiso. Cuando quienes trabajan mantienen ese compromiso, los clientes conocerán la misión y la visión a través de las acciones de quienes les atienden, sin tener que presentarle el escrito que lo contiene.

Hace unos días mi hermana y yo visitamos una reconocida tienda por departamentos con la intención de comprar unos cosméticos. Al llegar al mostrador de determinada línea, la empleada estaba atendiendo a otra clienta. Esperamos un tiempo, pero en ningún momento la dependienta nos saludó con una sonrisa o nos dijo: "Buenas tardes, en breve les atenderemos". Luego de diez minutos, sin ningún contacto visual ni verbal, ella por fin me habló para decirme: "Me permite", con un gesto de que me hiciera a un lado para que la otra persona pasara su tarjeta de crédito. Ya en este momento mi hermana y yo decidimos irnos a otro establecimiento. Fue curioso que al dar la vuelta para irnos, ella ni se percató de la acción.

Llegamos a otra tienda por departamentos y allí nos sorprendieron con tantas atenciones: amabilidad, respeto, cortesía y una sonrisa preciosa. Nos sentimos apreciadas, valoradas y atendidas. Aquella mujer logró hacer un vínculo con nosotras. De más está decir que a esta dependienta le compramos $400.00 en productos. Hoy cuando estoy buscando la visión y misión de ese lugar (*Nordstrom*), encuentro que parte de su Visión dice lo siguiente:

> "Nuestros objetivos son simples: servir mejor a nuestros clientes, ser siempre relevantes en sus vidas y formar relaciones de por vida…"

Y parte de su Misión dice:

> "En nuestra tienda o en línea, donde quiera que surjan nuevas oportunidades, *Nordstrom* trabaja sin descanso para ofrecer a los clientes la experiencia de compra más atractiva posible. ¿La constante? …ofrecer al cliente el mejor servicio posible, selección, calidad y valor".[4]

La dependienta que nos atendió tenía un compromiso con la compañía y con ella misma; proyectó la alegría de vivir y la compartió con otros. Dejó ver la visión y la misión de la compañía con sus acciones. Cuando hacemos felices a otros, la felicidad rebota hacia nosotros también, y el establecimiento o el lugar en el que practiquemos el amor y el respeto se beneficiarán en gran manera.

> **LOS TRABAJADORES NO COMPROMETIDOS ACTIVAMENTE CUESTAN A LAS EMPRESAS $300.000 MILLONES DE DÓLARES POR AÑO EN PÉRDIDAS DE PRODUCTIVIDAD.**

Andrés Hatum en su artículo, *La falta de compromiso tiene un alto costo para todas las empresas*, menciona que la encuestadora *Gallup* calculó que los trabajadores no comprometidos activamente cuestan a las empresas $300.000 millones de dólares por año en pérdidas de productividad. Es un hecho que cuando un empleado no está comprometido con la empresa no se esfuerza por producir, y contagia a otros con su negatividad.

En nuestra experiencia vivida en la visita al mostrador de cosméticos, la empleada con actitudes negativas impidió que el establecimiento vendiera $400.00 de una compra, y dejó una pésima impresión en las clientas. Ya esas clientas regresarán al lugar que les brindó un excelente servicio difícil de superar, y creó un vínculo con ellas. ¡Eso es compromiso!

Ese mismo estudio de la encuestadora *Gallup* sugiere que los empleados comprometidos no solo son responsables, apasionados y orgullosos. Son también entusiastas y activos, y usan su talento para marcar una diferencia en la búsqueda de éxito sustentable de su empleador. Quiere decir que quienes dan servicio a una empresa provocan el ambiente necesario para mantener una clientela fiel a ese establecimiento, y atraen a otros con las buenas recomendaciones que se generan de boca en boca, porque el entusiasmo, el amor y la alegría son contagiosos.

Creo que todos queremos que otros conozcan ese lugar en el que nos sentimos tan a gusto, y en el que disfrutamos cada vez que lo visitamos. Además, tus buenas actitudes tienen un valor añadido. No sabes si a quien estás atendiendo es un buscador de talentos que te puede llevar a otro lugar de trabajo con un ascenso en posición y sueldo. Trata a cada cliente como si fuera un buscador de talentos. ¿Qué te parece?

Aparte de eso, qué precioso es que no importa el lugar donde estés, te distingas porque llevas tu alegría y haces que prospere el lugar en el que trabajas o vas a buscar un servicio. Es hermoso que las personas te recuerden por tu entusiasmo, tu alegría y dedicación, y que nunca se acuerden de ti por tus quejas.

La experiencia de las empresas la podemos ver también en el hogar. Cuando atendemos el núcleo familiar con amor, respeto y entusiasmo, todos van a querer llegar a ese lugar que les espera con los brazos abiertos para renovar sus fuerzas y alimentar su estima. Muchos cometen el error de ver el hogar como el lugar del desquite en el que vaciarán todo el malestar que los de afuera que carecían de alegría les provocaron durante el día. Si lo has hecho, ¡por favor, no lo repitas! Así, no continuarás alimentando lo negativo que recogiste en el camino.

En lugar de eso, *rompe el círculo de la amargura, llénate de la alegría que no se acaba, y transforma cualquier situación amarga en una que fortalezca tu carácter.* Cuando repitas esa acción varias veces te darás cuenta que la debes practicar de por vida. Tu familia recordará en todo lugar y en todo tiempo las dulces memorias imborrables, y las repetirán en sus respectivos hogares cuando llegue el momento. ¡Eso es felicidad! Trascender el aquí y el ahora, porque las bellas experiencias nadie nos las puede robar. Quedan adheridas a nuestro ser permanentemente para que las podamos perpetuar repartiendo nuestra alegría por doquier.

La alegría es indispensable para elaborar los buenos pensamientos que nos dirigen a desarrollar la visión, la misión, las metas individuales y empresariales, guías necesarias para darle dirección a todo lo que nos corresponda hacer en nuestra existencia. Este proceso de razonamiento necesario para producir ideas y tomar decisiones ocurre en la corteza pre-frontal del cerebro. Es aquí donde tomando en cuenta experiencias pasadas, se trabajan las respuestas que cada uno de nosotros elabora cuando estamos frente a situaciones o problemas que se nos presentan. Es como si en ese momento del conflicto o problema, en el cerebro se abrieran los archivos del pasado, evaluáramos consecuencias de pasadas decisiones, extrajésemos de estas lo que aprendimos, y ahora usáramos todo ese aprendizaje para tomar una buena decisión que abone a la construcción de un buen futuro.

> LA ALEGRÍA ES FUNDAMENTAL EN LA PRODUCCIÓN DE IDEAS Y BUENOS PENSAMIENTOS.

Ese razonamiento que se da en esa región del cerebro se interrumpe cuando se vive en estrés, sin alegría o con una alegría superficial ocasional, ya que las hormonas del estrés influyen en esa región del razonamiento y afectan la capacidad de concentrarte. Si el estrés te domina responderás por impulso porque no puedes concentrarte. ¿Cómo tomarás buenas decisiones que beneficien tu vida, la de tu familia y la de la empresa, si eres incapaz de concentrarte y actúas por impulso?

La alegría es fundamental en la producción de ideas y buenos pensamientos. La visión de un deprimido no es la misma que la que tiene alguien lleno de alegría. El deprimido ve la vida en blanco y negro. La visión de quienes están llenos de alegría es en colores. La visión del deprimido está limitada a la habitación mental o física en que se encierra. La visión de quienes hemos conocido la verdadera alegría es panorámica, es amplia. La visión de quienes tienen alegría les hace sentir seguridad, y les permite ser conscientes de sus habilidades y explotarlas al máximo.

Quienes tienen alegría...

+ Se sienten relajados, tranquilos; por eso poseen una claridad mental que les permite ser creativos.

+ Están muy seguros de que el fracaso nunca es definitivo porque quien está alegre ve cómo lo negativo se puede transformar en algo positivo.

+ Tienen energía y ánimo de trabajar, y están convencidos de que siempre hay algo nuevo por hacer.

+ Tienen la certeza de que ellos están capacitados y equipados con todo lo necesario para lograrlo.

+ Se expresan libremente, y tienen la capacidad de mantener buenas relaciones interpersonales porque se adaptan rápidamente al ambiente en que están. Hacen amistades con facilidad aunque no piensen igual.

+ Son perseverantes, no descansan hasta lograr sus propósitos, y son capaces de enfrentar los cambios que beneficien a la mayoría.

✦ Tienen salud mental para darse cuenta que siempre hay espacio para mejorar, y en lugar de esforzarse por hacer cambios en los demás, comienzan con ellos mismos.

Veamos este fragmento anónimo que tocó mi corazón hace muchos años y espero que hable también a tu vida.

"Cuando era joven, quería cambiar el mundo. Descubrí que era difícil cambiar el mundo, por lo que intenté cambiar mi país. Cuando me di cuenta que no podía cambiar mi país, empecé a concentrarme en mi pueblo. No pude cambiar mi pueblo y ya de adulto, intenté cambiar mi familia. Ahora, de viejo, me doy cuenta que lo único que puedo cambiar es a mí mismo, y de pronto me di cuenta que si hace mucho tiempo me hubiera cambiado a mí mismo, podría haber tenido un impacto en mi familia. Mi familia y yo podríamos haber tenido un impacto en nuestro pueblo. Su impacto podría haber cambiado nuestro país, y así podría haber cambiado el mundo".[5]

Quien escribió esta reflexión comienza diciendo que cuando era joven quería cambiar el mundo. Los jóvenes a veces piensan que tienen las fuerzas suficientes para cambiar todo lo que está mal según ellos, pero es lo que está mal en otros. Sin embargo, quienes tenemos salud mental somos conscientes de que hay situaciones en la vida que no dependen de nuestras fuerzas para lograr cambios, y una de ellas es la vida de cada ser que nos rodea. Podemos motivar y enseñar a otros con nuestro ejemplo, pero no podemos cambiar a nadie.

El escritor finalmente se da cuenta que después de tratar de cambiar al mundo, su país y su pueblo, tampoco lo pudo lograr. Ya en su adultez trata de cambiar a su familia, y tampoco lo pudo hacer. Entonces llegó la vejez y con todo el cúmulo de experiencias vividas comprendió que si hubiera cambiado él, hubiera podido influenciar a su familia, al pueblo, al país y al mundo entero.

No podemos esperar por nadie a la hora de cambiar viejas y malas actitudes. Quien ama la alegría de vivir hace los cambios primero en su vida, y se convierte en una persona de influencia en su familia, en su pueblo, en su país y en el mundo, porque contagia a otros con su ejemplo.

> QUIEN AMA LA ALEGRÍA DE VIVIR HACE LOS CAMBIOS PRIMERO EN SU VIDA, Y SE CONVIERTE EN UNA PERSONA DE INFLUENCIA.

Una empresa necesita personas que crean firmemente que el cambio comienza en ellos primero, porque es lo que genera acción y provoca que todos se esfuercen por alcanzar la meta individual y como grupo de trabajo. La vida de muchos es demasiado difícil porque están pendientes de lo que los demás deben cambiar, pero no se dan cuenta de que ellos mismos deben modificar sus actitudes y conductas. Mientras se entretienen pensando en lo que otros necesitan cambiar, el reloj sigue con su tic tac, y se les va la vida sin disfrutar de la alegría de vivir.

¡Es tiempo de reflexionar!

En este día piensa cuál es la visión que tienes para tu vida.

+ ¿Cómo vas a lograr alcanzar esa visión?

+ ¿Estás comprometido con el trabajo que estás haciendo en tu empresa?

+ ¿Eres de los que transforma el ambiente con tu alegría o con la queja?

• • • •

**¡Atrévete a hacer los cambios necesarios
para alcanzar la excelencia!**

LA ALEGRÍA AUMENTA LA PRODUCTIVIDAD Y LA EFECTIVIDAD

*"No puedes construir tu reputación hablando sobre lo que vas a hacer." —*Henry Ford

Llegamos a este mundo con las cualidades, aptitudes, habilidades para producir, crear y ser efectivos en lo que cada uno elige para desempeñarse en la vida. Aunque cada individuo tiene diferentes capacidades, habilidades y formas de creatividad, todos podemos destacarnos y ser efectivos en nuestra área de trabajo si nos apasionamos y ponemos nuestro corazón en eso que hemos escogido hacer, y nos decidimos por practicar la alegría. Pero las excusas, las justificaciones, los miedos, los conflictos del pasado y tantas otras quejas, mantienen a las personas atascadas en el ayer sin poder arrancar de ese puerto.

Así mueren muchos con sus capacidades y su creatividad sin abrir, nuevas de paquete. De esta manera quedan, sepultados con su cuerpo, sus capacidades, su creatividad y la productividad que pudieron haber logrado. Se quedaron dando vueltas en el mundo de las ideas, en el mundo de si yo hubiera sido el hijo o la hija de…, si hubiera tenido lo que tuvo tal o cual persona, si alguien me hubiera dado la oportunidad que yo buscaba y que todo el mundo me ha negado. Y cada quien tiene su historia para justificar lo que no ha hecho realidad con sus acciones por la "culpa de". Lo que crea nuestra buena reputación y genera satisfacción no son las excusas, sino lo que logramos, lo que producimos con nuestras habilidades, talentos y creatividad, que es lo que nos convierte en personas efectivas.

La alegría es indispensable para convertirnos en personas productivas y efectivas que hacemos, fabricamos y creamos con los recursos de los que disponemos, y conseguimos los resultados que planificamos alcanzar con nuestro esfuerzo y dedicación. Quien está alegre está apasionado y lleno de amor por la vida, por el Creador, por el prójimo, por lo que hace, y le añade creatividad y efectividad a su productividad. Tiene su mente libre de distracciones de amargura para aportar ideas nuevas que nutran y le agreguen valor a lo que elabora o crea.

Pensamientos y hormonas de la felicidad

> EL ALIMENTO DE LA ALEGRÍA ES EL AMOR.

Marcela D`Ambrosio, especialista en Capital Humano y Ecología Social afirma que: "La alegría es una emoción y una de las mejores aliadas que tenemos para alcanzar nuestras metas porque sana y produce en el cuerpo grandes beneficios".[1]

Sin duda alguna, el alimento de la alegría es el amor. Cuando pensamos en momentos felices, damos una sonrisa, abrazamos de corazón a alguien, contemplamos escenas tiernas, sentimos satisfacción por un trabajo bien hecho, nos esforzamos para llegar a la meta que nos hemos propuesto, recibimos una buena noticia, creamos el ambiente propicio para que en el cuerpo se generen lo que se conoce como las hormonas de la felicidad. Son esas que científicamente se conocen como las endorfinas, unos químicos naturales que estimulan el área del cerebro que tiene que ver con el placer. ¿Por qué esta explicación es importante? Para que puedas comprender cuán importantes son tus pensamientos, sentimientos y acciones.

De acuerdo a los pensamientos, sentimientos y acciones que cultives, así será el estado de ánimo que tú sientas y exhibas a los demás. Por tanto, no es lo que nos pasa lo que importa, sino la actitud y los pensamientos que generemos frente a eso que nos pasa. Si nuestra mente y nuestro ser están llenos de esperanza, nuestro corazón estará preparado como un trampolín en el que el momento difícil, lo desagradable, lo inesperado, la tragedia o cualquier circunstancia adversa, rebotarán y caeremos de pie para continuar cultivan-

TRAE A TU MEMORIA RECUERDOS FELICES; NO RECREES TRAGEDIAS.

do la alegría. De lo contrario, si no tenemos ese trampolín de fe y esperanza, en el momento difícil caeremos en el hoyo profundo de la depresión en el que innumerables veces la persona muere, sin haber logrado nunca salir de él.

¿Quieres producir endorfinas? Cultiva pensamientos de fe y esperanza. Trae a tu memoria recuerdos felices; no recrees tragedias. *Piensa en eso que anhelas lograr, y no te detengas a martirizarte por los obstáculos que puedan aparecer en el camino. Piensa y cree que todo el mundo te ama, y no te tortures por quien no te ame.* Yo siempre he creído que todo el mundo me ama, y uno de mis hijos cuando tenía catorce años me dijo: "Mami, eso no es verdad, porque habrá gente que no te ama". Yo le contesté: "Si alguien no me ama, ese no es mi problema; es de la persona que guarda en su corazón un sentimiento que lo atrasa. Yo sigo amando a todo el mundo y por eso soy tan feliz".

Como consejera de familia puedo afirmar que nosotros mismos producimos nuestra manera de vivir. En la sección, *Norma, dame un consejo*, en la emisora radial Nueva Vida 97.7 FM en Puerto Rico, hablé una vez sobre el tema de las actitudes. Cuando pasamos a las llamadas del público, sorpresivamente no recibimos problemas, sino testimonios de cómo había cambiado su actitud.

Una de las llamadas fue la de una mujer que había llamado a su esposo desesperada temprano en la mañana, porque no tenía dinero para comprar los libros de la escuela de sus hijos. Ella explica que se sentía desesperada porque era el inicio de clases y todavía no tenían los libros.

Cuando escuchó el programa, en el que hablaba de la importancia de las actitudes y la alegría, sumado a las carcajadas que se generaron en la discusión del tema, se dio cuenta que con su actitud no lograría resolver el problema, y lo que había generado con su desesperación era cargar negativamente a su esposo. Ella nos explicó que después de esa experiencia llamó a su esposo con alegría diciéndole que no se preocupara porque todo se iba a resolver. Lo que más nos impactó fue su alegría y entusiasmo mientras narraba la historia. Fíjate que todavía el problema no estaba resuelto, pero su nueva actitud hizo la diferencia.

Rafael Mejía, en su artículo *Endorfinas: hormonas de la felicidad*, expresa que una carcajada provoca la segregación de diversas sustancias a nivel cerebral, como adrenalina (vinculada a creatividad e imaginación), dopamina (que estimula la agilidad mental) y serotonina (químico de efectos calmantes que disminuye el hambre y la ansiedad), pero la producción más intensa que se presenta es de endorfinas. Después de considerar esta información, reafirmamos *que* una buena empresa preferirá contratar personas que además de su conocimiento, estén llenas de alegría, porque ellas aumentarán la productividad, la creatividad y la efectividad de su negocio.[2]

Hoy yo quiero reafirmar que mantener el pasado vivo en tu memoria, y las diferentes excusas que mencionas para explicar el porqué no has logrado lo que quieres, son los elementos que te mantienen en pausa sin producir y sin poder desarrollar la creatividad necesaria para hacer algo diferente de lo que has hecho hasta ahora. Es indispensable tomar esos pensamientos negativos del pasado y desecharlos en el "triturador de pensamientos". Así como los recreas a diario en tu mente y le das vida, también los puedes desechar para siempre.

Como digo en mi libro *Lo que pasó, pasó:* "En el instante en que logramos salir del pasado y comenzamos a vivir el presente con optimismo y valor, enderezando el camino y dejando atrás lo que ya no podemos cambiar, nuestras vidas prosperan y alcanzan su máximo potencial. La amargura, el rencor y el dolor del pasado nos desenfocan, nos quitan energía, y nos hacen perder la capacidad creadora porque solo tenemos tiempo y espacio para acariciar el dolor y revivir lo que nos ha provocado una honda tristeza. Es como si te embriagaras, pero en lugar de hacerlo con alcohol, lo estuvieras haciendo con el veneno de la amargura. Así como el alcohol nubla el entendimiento, la embriaguez de odio, dolor y rencor oscurece tu vida espiritual, que es la responsable de tu manera de vivir".[3]

Comenzarás a dar rienda suelta a tus capacidades y empezarás a producir abundantemente cuando te sueltes de lo que te detiene, esa atadura con ese pasado que ya no puedes cambiar por más que te esfuerces en cambiarlo. *Las* plantas crecen en terreno fértil, y cuando vemos que alguna no prospera, cotejamos el terreno y nos damos cuenta de que tiene una serie de insectos que se están comiendo la vida de la planta. Si no actuamos cuando vemos el peligro, la planta seguirá su camino a la muerte sin llegar a producir flores o frutos. Si actuamos fumigándola o le cambiamos la tierra, veremos que comienza a crecer y a prosperar. Así mismo es necesario eliminar de nuestra mente los malos pensamientos, sembrando buenos pensamientos que dirijan nuestro ser hacia la alegría. Esta transforma el lugar más oscuro en un faro de luz que alumbra todo lo que le rodea.

Alegría y productividad

Kety Jáuregui, directora de la Maestría en Organización y Dirección de Personas de la Universidad ESAN, en Lima, Perú, dice: "Los colaboradores, cuando están contentos, tienen relaciones de interés, ánimo, son personas sanas e innovadoras. En cambio, cuando no se sienten contentos, se sienten frustrados e incluso deprimidos, sienten apatía por sus compañeros e inconformidad".[4]

Quiere decir que los asociados contentos que mantienen buena relación con sus compañeros, tienen ánimo, buena salud y son creativos. Sin embargo, debo señalar que además del clima laboral, es importante que cada asociado sea consciente de la responsabilidad de trabajar su sanidad emocional para que la alegría brote de un corazón que vive agradecido porque siente su mundo interior organizado.

La empresa sola no puede hacerse responsable de que cada asociado sienta alegría. *Es cada individuo quien es responsable de sanar sus heridas emocionales para que florezca en él la alegría, y contagie a otros con su actitud.* La organización sí puede fomentar y exigir el que se mantenga un ambiente sano y agradable en el que las buenas relaciones interpersonales sean vitales para permanecer en esta.

Blair Singer, especialista en comunicación para las ventas, afirma que cerca del cincuenta por ciento del producto interno bruto de Estados Unidos proviene de pequeñas empresas y, de ellas, cerca de la mitad son de un solo dueño o de alguien cuyas oficinas están en su casa. Singer explica que eso nos dice que la persona promedio sí tiene más poder y más capacidades que las que ella misma es consciente o cree tener.[5]

¿Has pensado cómo te sientes cuando recibes una buena noticia? Creo que estás de acuerdo conmigo que en ese momento sentimos que podemos tomar el mundo en nuestras manos con todas las personas adentro. Sentimos que instantáneamente nos llenamos de energía y alegría con esa simple noticia. La creatividad se hace realidad, nuestras capacidades se acrecientan, y la productividad asciende vertiginosamente. Y es que la alegría, *la verdadera alegría inyecta a nuestro ser todo lo necesario para crear, trabajar, producir, resolver y vivir con entusiasmo y energía.*

Te estarás preguntando, ¿por qué se consume tan poco la alegría si nos capacita para vivir bien y nos llena de tanta fuerza? Porque son pocos los que han conocido el secreto de lo que esta encierra. *Los resultados de la alegría son invisibles para esta sociedad que está acostumbrada a medir el éxito por el total de dinero que se produce y la cantidad de cosas que se tiene.* Muchos son los que se deslumbran por lo que se ve, y pocos los que podemos apreciar las maravillas que se producen internamente y en nuestra relación con otros, cuando la verdadera alegría reina en nuestro corazón.

Los muchos, en su búsqueda de la felicidad, llegan a creer que producir abundantemente para tener grandes cantidades de cosas que se ven, trae consigo esa felicidad perseguida con tanto esmero. Han llegado a pensar que la felicidad es femenina y está vestida de brillantes colores de piedras preciosas, y encontrarla significa ser feliz eternamente porque con ella pueden conseguir comprar una casa lujosa con todo lo que es necesario para que el resto de la humanidad los admire y hasta los envidie. Pero esa es una idea que está demasiado lejos de la realidad. Tener la señora Aparente Felicidad no implica ni ser feliz ni tener alegría.

> ESTAR ALEGRE ES HABER ALCANZADO SABIDURÍA PARA TOMAR BUENAS DECISIONES QUE SEAN CONGRUENTES CON TU VIDA EMOCIONAL Y ESPIRITUAL.

Estar alegre es haber alcanzado sabiduría para tomar buenas decisiones que sean congruentes con tu vida emocional y espiritual. Estar alegres no significa que estemos haciendo chistes en grupo y perdiendo tiempo de productividad. *Es tener un semblante radiante, unas actitudes positivas, una buena relación con quienes compartes, es ser servicial y todo lo que puedas pensar que fomente un buen clima tanto laboral como en tu hogar.* La alegría comienza a expresarse con los tuyos. La risa sola no es alegría, ni dice mucho. Fíjate que venden cajas de risa grabada; lo que no han podido grabar son los frutos de la alegría.

Hoy supe de un hombre que trabaja por su cuenta y necesita un ingreso adicional. Me explicó que fue a un lugar a solicitar empleo, pero no tuvo éxito en la entrevista. Mientras él me hablaba yo lo observaba detenidamente. Su aspecto era de destrucción. Lucía desgastado como si fuera un objeto inservible, y no mostraba deseos de vivir.

Al comunicarle lo que yo había podido observar en su manera de actuar, me explicó que así como yo lo veía, él se sentía. Me dijo que su esposa le había sido infiel y él no había decidido divorciarse a pesar de que su esposa no le demostraba arrepentimiento y lo trataba muy mal, porque no quería que su hija se criara sin papá.

De esta manera este hombre dejó ver que no sabe tomar decisiones porque permite que sus emociones le impidan hacer lo que corresponde, sin comprender cuánto afectará su vida y la de su hija el clima de maltrato en el que están inmersos. Demuestra que no se valora porque soporta las humillaciones de la esposa, y no ha sido capaz de darse a respetar desde el principio de la relación, colocando límites que regulen la relación de respeto que debe existir en un matrimonio. Además, fue incapaz de sobreponerse al dolor para hacer una buena entrevista.

Sabemos que es una situación triste, pero no podemos permitir que la tristeza le gane a la alegría. Cuando la tristeza vence la alegría es porque esta no está entronizada en nuestro interior. Frente a este panorama que presenta este hombre, ¿crees que conseguirá un buen trabajo con esa actitud tan negativa? El problema no está en lo que nos pasa, sino en la actitud que asumimos ante eso que nos pasa. Una persona que proyecta que se valora poco, ¿crees que tendrá éxito en esta sociedad competitiva? Mi papá siempre nos decía: "¡Valórense, no se crean nunca mejor que nadie, pero tampoco se sientan peor que los demás!" Aquí debo hacer un paréntesis para explicar que todos tenemos un letrero invisible en la frente que todo el mundo puede leer, porque nuestros gestos y actitudes hablan de cuánto nos valoramos o si carecemos de valor. Si quienes nos rodean nos ven débiles, sin fuerzas y sin voluntad para tomar decisiones que nos permitan salir de la esclavitud emocional, empezando por la familia y extendiéndonos adondequiera que vayamos, no nos considerarán.

Del árbol caído todos hacen leña, pero con lo que no se puede hacer leña es con el árbol que está lleno de vida, tiene un tronco fuerte y grueso, y está bien plantado. Aprendamos de este árbol. No hay que gritar para ser respetado, pero sí es necesario estar bien plantado.

> NO HAY QUE GRITAR PARA SER RESPETADO, PERO SÍ ES NECESARIO ESTAR BIEN PLANTADO.

Alejandra Clavería, en su artículo *La alegría, un factor clave en el clima laboral*, define un buen ambiente en el trabajo como un lugar en el que la persona confía en su equipo, se siente orgullosa de lo que hace, y disfruta con sus compañeros. Por otra parte, un mal ambiente está caracterizado principalmente porque no existe confianza entre los compañeros de trabajo, ni entre ellos y quienes dirigen la empresa. Tampoco existe sentido e identificación de quienes trabajan, con la labor que realizan.

Afirma que en otras épocas el ambiente laboral de una empresa se asociaba más bien a una especie de templo religioso donde imperaba el silencio, y la relación entre los que componían el equipo de trabajo era distante. Sin embargo, actualmente las cosas han cambiado, porque las organizaciones cada vez son más conscientes de que tener un ambiente laboral rodeado de risas es tan importante como generar ingresos, aumentar las ventas o elaborar el presupuesto anual.[6]

Esta redefinición de la atmósfera que debe imperar en el ambiente de trabajo implica un reto para todos los que aspiran conquistar un buen empleo en el que puedan desarrollar al máximo sus capacidades, y para cada individuo que aspire a convertirse en un empresario. El reto consiste en conquistar la alegría que nace solo en el interior de la persona que ha logrado paz y ha organizado su vida interior, porque ha enfrentado los conflictos internos y ha vencido su culpabilidad del pasado. Como resultado, esta persona puede laborar creando un clima de verdadera alegría.

Si cada colaborador asume esa postura, se logrará el clima de alegría y armonía que debe imperar en el área de trabajo. Luego de todas esas consideraciones, debes recordar lo que dijo Henry Ford: "No puedes construir tu reputación hablando sobre lo que vas a hacer".[7] Por lo tanto, capacítate, crea, produce y sé efectivo en todo lo que emprendas, cultivando siempre un corazón lleno de alegría. ¡Así, todos querrán pertenecer a tu equipo!

¡Es tiempo de reflexionar!

+ ¿Tu vida inspira a otros a crear un buen ambiente en tu trabajo?

+ ¿Cómo puedes enriquecer tu vida para convertirte en un agente de cambio, y no en la persona que contamina el ambiente, ya sea de tu hogar o trabajo?

• • • •

Estar alegre es haber alcanzado sabiduría para tomar buenas decisiones que sean congruentes con tu vida emocional y espiritual.

LA ALEGRÍA SE TRANSFORMA EN RESILIENCIA

"Cualquiera puede ponerse furioso… eso es fácil. Pero estar furioso con la persona correcta, en la intensidad correcta, en el momento correcto, por el motivo correcto, y de la forma correcta…eso no es fácil." –Aristóteles

El vocablo resiliencia se oye extraño; es difícil de pronunciar. Lo que significa para innumerables personas es difícil de practicar, y para otras es imposible. La resiliencia es la capacidad que tiene una persona o un grupo de recuperarse frente a la adversidad para seguir proyectándose hacia el futuro.[1] La vida es un tejido de momentos felices, momentos menos felices e instantes de crisis que van formando un entretejido de experiencias que forman nuestro carácter. Finalmente, ese es el cuadro real que nos identifica y dice quiénes somos. En ese cuadro están definidas nuestras creencias, la forma cómo nos expresamos, el vocabulario, las actitudes, cómo manifestamos el disgusto, cómo manejamos los desacuerdos, el dolor y la crisis.

Innumerables personas corren buscando la felicidad fuera de ellos y culpando a otros de su desdicha. No obstante, creo firmemente que el problema del ser humano no está en la economía, ni en la criminalidad, ni en las situaciones familiares. La raíz de todos los problemas es espiritual. Si espiritualmente estamos en paz con quien nos creó, con nosotros mismos y nuestro prójimo, aprenderemos que todas las situaciones son temporeras, nada es para siempre, por tanto, no nos desesperemos cuando llega el problema.

Definamos primero en qué estriba la dificultad que estamos viviendo, pero pensando, reflexionando, no respondiendo ni a emociones ni a impulsos. Ya dijimos anteriormente que el razonamiento se nos nubla y actuamos irracionalmente cometiendo los peores horrores, y creando otra madeja de problemas en lugar de posibles soluciones. Hace muchos años en Puerto Rico, había un anuncio que promovía "no más violencia", y el mensaje que fijaba en la mente de las personas para que pudiesen controlar la ira decía: "Enfríate". Creo firmemente en esa recomendación.

Cuando se presenta la crisis, "enfríate", reflexiona, evalúa, desmenuza la situación, ora, consulta a personas que te puedan escuchar y sugerir buenas ideas, levántate y decide que ninguna situación será mayor que la paz que tú has alcanzado.

Norman Vincent Peale, en su libro *Puedes si crees que puedes* dice: "Trabajando en un problema con dos mentes en calma, la de Dios y la tuya, estás salvado. Por fuerza, ¿no?".[2] En el sosiego y la paz, como ya he dicho antes, la parte del cerebro que tiene que ver con el razonamiento está alerta, pero en el desasosiego, se bloquea el razonamiento y actúa el impulso. Por eso en lugar de razonar, se reacciona.

Un corazón lleno de la alegría sincera que produce paz y esperanza, transforma lo amargo en algo dulce, el miedo en determinación y la crisis en oportunidad para alcanzar metas insospechadas. Hablaba en estos días con alguien que da mantenimiento a jardines, y me explicaba cómo se quedó sin trabajo hace cinco años atrás cuando las compañías comenzaron a despedir empleados para reducir costos. Él me dijo que así como lo despidieron, él pensó que nada le robaría la paz y la alegría que él sentía en su corazón. Comenzó a pensar qué podía hacer para generar un ingreso que le permitiera sostener a su familia en un momento en el que los trabajos escaseaban. Con ese espíritu alegre y optimista, comenzó a darle mantenimiento a los jardines, y en poco tiempo ya tenía más de treinta clientes fijos. Me comentó que ha mantenido a su familia con su negocio propio, y sus hijos fueron a la universidad gracias a esa iniciativa de él.

Sin embargo, conozco a otros que pasaron por circunstancias similares y decidieron lamentarse, quejarse del "maldito gobierno", se deprimieron y hasta perdieron sus casas, pero no resolvieron nada. Necesitamos internalizar que sí podemos desarrollar la capacidad de enfrentar los momentos más difíciles cuando hay alegría en lo más profundo de nuestro ser. Esto yo lo puedo afirmar con mi propia experiencia.

Hace veinticinco años mi esposo tuvo un accidente en el que murieron dos personas. Fue un momento dificilísimo en nuestra familia. Cuando aquel domingo recibí aquella llamada telefónica notificándome lo que había pasado, salí inmediatamente para aquel lugar. Yo no estaba riéndome ni celebrando aquel momento trágico, pero sí tenía una paz extraordinaria porque sabía que no estábamos solos en aquella situación. Pude llegar hasta la escena y ver a aquellas personas que yacían en el piso, una de ellas sin vida y la otra muy grave, quien falleció más tarde.

Validé mi dolor, pero tenía fortaleza para apoyar a mi esposo en medio del dolor. Lloré silenciosamente y pedí a Dios que nos ayudara en aquella situación tan inesperada y difícil. Nuestros hijos nos vieron pasar por todo el proceso que conlleva un accidente de esa índole, y aprendieron cómo atravesar por el desierto demostrando resiliencia. La crisis estaba, pero estábamos equipados espiritual y emocionalmente para hacerle frente. Le ganamos a la crisis, en lugar de la crisis ganarnos a nosotros.

> DE NINGUNA MANERA NOS PODEMOS ACOSTAR EN LA CAMA DE LA DEPRESIÓN Y EL DOLOR, CON LA TRISTEZA ARRULLÁNDONOS. ES NECESARIO PONERSE EN PIE.

La realidad es que a todos nos llega la dosis de dolor en el caminar por la vida. Por eso es necesario estar capacitados para enfrentarla sin victimizarnos, y manteniendo viva la alegría de vivir que nos sostiene. El proceso se extendió por tres largos años. ¡Imagínate si hubiéramos perdido la alegría que está directamente conectada a la esperanza y a la fe! Después de validar mi dolor llorando por las vidas perdidas en el accidente, ambos nos levantamos fortalecidos para seguir adelante, porque hemos decidido que la alegría de vivir nada ni nadie nos la puede robar. ¿Cuántas personas vienen a consejería cargando una tristeza y una depresión eternas?

De ninguna manera nos podemos acostar en la cama de la depresión y el dolor, con la tristeza arrullándonos. Es necesario ponerse en pie, y con todo el corazón decir: "No habrá ninguna circunstancia que Dios y yo no podamos enfrentar". Esa seguridad con la que repetimos esa aseveración nos garantiza que la alegría se quedará viviendo siempre en nuestro interior. Debemos ser conscientes de que ninguna circunstancia adversa dura para siempre, y nuestra actitud es la medicina perfecta para enfrentar la crisis.

Las situaciones adversas, si las manejamos con sabiduría, fortalecen nuestro carácter y nos permiten ver y valorar lo que en momentos de sosiego no valoramos. Además, descubrimos recursos y capacidades que están muy adentro de nosotros, que a veces desconocemos y pasamos por alto. Por eso es imprescindible que la alegría siempre reine en nuestra vida teniendo la certeza que cuando caminamos dignamente, todo lo que nos pasa, aun lo que en apariencia es negativo, tiene un propósito determinado. Si aceptamos esta verdad, la alegría vivirá siempre en nuestros corazones, y podremos pasar las dificultades con menos dolor.

Expliqué en un capítulo anterior que la alegría hace que se generen en el organismo las endorfinas, sustancias que disminuyen el dolor, tanto físico como emocional. Los estudios demuestran que el hecho de reírse sinceramente produce endorfinas. Bromear y el sentido del humor puede ayudarnos, tanto a nosotros mismos como a otros, a mejorar nuestro estado de ánimo y hacernos más felices.[2]

Así mismo el abrazar, hacer ejercicio, relajarse, dormir bien, entre otros, contribuyen a que nuestro cerebro produzca estos sedantes naturales. Cuando conservas tu alegría, las preocupaciones tienen menos espacio para vivir en tu cerebro. Lo que alienta las preocupaciones es el estar continuamente pensando en ellas. Pero *cuando hay alegría, pensamientos nobles que considerar y proyectos en los que estamos*

> CUANDO CONSERVAS TU ALEGRÍA, LAS PREOCUPACIONES TIENEN MENOS ESPACIO PARA VIVIR EN TU CEREBRO.

interesados, las preocupaciones mueren por falta de aliento, en otras palabras, porque nadie les hace caso.

¿Cómo conservas la alegría cuando estás acostumbrado a la tristeza, a la victimización, a dejarte llevar por las emociones y a responder por impulsos? ¿Cómo convertirte en alguien resiliente? ¿Cómo convertirte en alguien a quien todos quieren en su área de trabajo? ¿Cómo conservamos la alegría cuando en la familia hay una situación difícil o recibimos una mala noticia? Es necesario dejar de ser tú y aprender a ser un nuevo yo con nuevos pensamientos, sentimientos y acciones.

Aprende a ser una persona resiliente, que puede enfrentar la dificultad y salir victorioso; *alguien que cambia lo que está en sus manos hacer, y acepta la realidad que no puede cambiar.* Lo importante es que dejes de hacer lo que no te ha funcionado hasta ahora, y que te mantiene cautivo en el hoyo de las emociones. Einstein decía que ningún problema puede resolverse con el mismo nivel de conciencia que lo creó.[3]

Eso implica que a medida que aprendemos, el conocimiento nos abre otras rutas para analizar nuestra cotidianidad desde un punto de vista diferente, porque si continúas pensando de la misma manera que lo hacías cuando se generó el problema, te quedas en la misma situación. Es como echar a lavar la ropa, y enjuagarla con la misma agua sucia. ¡Nuevos conocimientos generan nuevas formas de pensar, y estas a su vez dan a luz nuevas soluciones!

Hoy es el mejor día para que puedas comprender que cuando tienes pensamientos positivos de agradecimiento, amor o alegría, produces sustancias químicas que te hacen sentir de maravilla, lleno de amor o alegría. Pero los pensamientos negativos, temerosos o impacientes producen negativismo, temor e impaciencia.[4] Por esa razón *cuando nos empezamos a sentir de acuerdo con lo que pensamos, seguimos pensando como nos sentimos. Esto se convierte en un círculo vicioso.* No obstante, cuando aprendemos nuevas formas de pensar y nos forzamos a pensar diferente, los sentimientos se ajustan a ese nuevo pensamiento, y las acciones también se ajustan al nuevo pensamiento. ¡Cambia tu manera de pensar para que cambie tu manera de vivir!

La alegría es la que debe predominar en nuestro ser porque transforma totalmente nuestra existencia. Por tanto, para aprender a ser resiliente es imprescindible cambiar la manera de pensar, y crear nuevos hábitos que podamos practicar dondequiera que vayamos, incluyendo nuestros trabajos. Es importante aclarar que no le restamos importancia a las emociones, pero no podemos permitir que las emociones vayan por encima del razonamiento.

Daniel Goleman, psicólogo de fama internacional quien acuñó el concepto de Inteligencia Emocional en su libro del mismo título, sostiene que tanto las emociones como el razonamiento son importantes en la toma de decisiones.[5] Goleman explica que la toma de decisiones es una danza entre la razón y la emoción. Eso es lo que permite que un padre o madre que ven que su hija se está ahogando, la salven a ella aunque eso represente la muerte de ellos. Desde el punto de vista racional, la supervivencia del ser humano es primero, pero emocionalmente sabemos que el amor por nuestros hijos hace que podamos perder nuestra vida por salvarlos a ellos. En ese momento de emergencia, si estamos habituados a amar, respondemos por el amor que nos une. Si no hemos creado el

> LA TOMA DE DECISIONES ES UNA DANZA ENTRE LA RAZÓN Y LA EMOCIÓN.

hábito de amar, el final de la hija en peligro sería diferente. En casos de maltrato en el matrimonio, si la persona está acostumbrada al maltrato se queda en la relación porque ese es el hábito que ha practicado desde siempre. Para hacer cambios es necesario aprender nuevos conocimientos que nos enseñen enfrentar la realidad de forma diferente, para poder razonar y darnos cuenta que esa relación es dañina y no conviene.

El doctor Dispenza afirma que para desarrollar nuevas formas de vivir, lo que él llama nuevos circuitos, es necesario abandonar los viejos circuitos (las antiguas manera de pensar) para darle paso al nuevo conocimiento que crea los nuevos hábitos.[6] Es necesario desarrollar nuestro cerebro. Por eso los abandonados viejos pensamientos negativos dan paso a un cerebro nuevo con el aprendizaje que nos expone a información que no conocíamos.

Quien no se expone a nuevos aprendizajes seguirá arrastrando su equivocada manera de vivir que por lo general es la tristeza y la depresión, sin darse cuenta que nosotros podemos crear un cerebro nuevo si nos exponemos a nueva información.

Sabes si has hecho nuevos hábitos cuando respondes de manera diferente a lo acostumbrado. Si respondes de la misma forma que lo hacías con tu viejo cerebro, no has cambiado genuinamente. *El verdadero cambio comienza dentro de ti cuando se generan convicciones que dirigirán tu manera de vivir.* El exterior no puede dirigir tu vida. Quien se deja dirigir por lo que pasa a su alrededor es esclavo de sus impulsos. Quien se deja dirigir por sus principios y convicciones proyectará cambios genuinos que perdurarán por encima del tiempo y de las circunstancias.

¿Por qué seguir siendo esclavos de lo malo que aprendimos en el pasado, si podemos ser libres con la alegría y la paz en nuestro corazón? ¿Por qué sigues practicando una y otra vez lo que no te ha servido para vivir con alegría, y te obstinas en practicar lo que te lleva a la agonía emocional? Porque es necesario ser valiente para dejar de practicar lo que ya hacemos automáticamente. Cuesta trabajo ser diferente aunque los resultados sean extraordinarios. Es facilísimo proferir palabras de insulto a alguien que te traiciona cuando así era que en tu familia se manejaba la ira. Lo difícil es callar y esperar enfriarte en lo que reflexionas la decisión que debes tomar y las palabras que debes decir. *La mente, que es el cerebro en acción, y esas acciones, se producen dependiendo de la información que les suministres.*

Si diriges una empresa o simplemente trabajas en esta, debes llevar un cerebro nuevo que pueda laborar eficientemente en equipo con todos, aunque te darás cuenta que muchos cargan su cerebro viejo con sus

CUESTA TRABAJO SER DIFERENTE AUNQUE LOS RESULTADOS SEAN EXTRAORDINARIOS.

malos hábitos aprendidos desde niños. Alguien que conozco me dio la noticia de que había conseguido un trabajo muy bueno como supervisora. Yo la felicité y le expliqué la importancia de cómo aprender a trabajar con los diferentes caracteres y cerebros. Pasaron dos semanas y me llamó por teléfono nuevamente y me dijo lo siguiente: "Norma, estoy con un cansancio terrible, salgo extenuada, no parecen adultos. Me siento trabajando con niños pequeños que se quejan de todo y discuten por todo". Le expliqué que como supervisores se enseñan las reglas y las consecuencias de infringirlas, pero también necesitamos convertirnos en maestros con el conocimiento que vamos adquiriendo. De esa forma, aquellos que desconocen que se puede ser diferente, puedan darse cuenta que sí se puede ser feliz, sí se puede tener alegría, aunque nos hayamos criado en la casa del luto.

Daniel Goleman narra una experiencia que vivió hace muchos años en Nueva York.[7] Nos dice que al subir a un autobús que lo llevaría a la Avenida Madison, se sorprendió cuando el conductor saludaba a cada pasajero que subía al vehículo con un "¡Hola! ¿Cómo le va?". Los pasajeros se quedaban tan sorprendidos que pocos respondieron al saludo. Mientras el hombre conducía por la ciudad, iba hablando y describiendo con entusiasmo los lugares que se destacaban, incluyendo las tiendas que tenían grandes especiales. Al pasar por el cine preguntó si alguien había oído hablar de la nueva película que estaban proyectando.

Fue tanto el entusiasmo y el deleite que manifestó el chofer, que aquellos pasajeros se contagiaron con la alegría que manifestaba aquel hombre. Dice Goleman que aquellas personas se despojaron del mal humor con el que habían subido, y cada uno respondió con una sonrisa cuando el conductor les gritaba: "Hasta pronto, que tenga un buen día". ¡Qué diferencia hace la actitud nuestra en el trabajo! La alegría cambia el ambiente y la actitud de las personas. Quizás otra persona vería su trabajo como algo común y corriente, y hasta aburrido. Pero este hombre estaba lleno de felicidad y alegría, enalteció su trabajo y valoró a las personas. Hizo de su trabajo una fiesta de alegría que quedó grabada para siempre en el corazón de todos los que viajaron con él.

¿Eres tú una persona inolvidable en tu trabajo y en los diferentes lugares que visitas? ¿Tienes esa alegría viva, o dependes de lo que te pase en el día para decidir si manifiestas alegría o no? Cuando siembras tu alegría en otros, le añades felicidad a tu propia vida porque cada uno recoge lo que siembra.

**La mejor decisión que debes tomar
cuando te llegue un problema es:**

✦ Desarrolla un buen sentido del humor, de tal manera que la alegría reine en tu vida, y no la queja.

✦ Mantén una actitud optimista frente a la dificultad, en lugar de victimizarte.

✦ Cultiva tu vida espiritual.

✦ Contagia a otros con tus buenas actitudes.

✦ Disfruta el trabajo que haces, y hazlo con alegría.

✦ Cuando llegue el momento de la dificultad, acuérdate de lo que dijo Aristóteles:

"Cualquiera puede ponerse furioso… eso es fácil. Pero estar furioso con la persona correcta, en la intensidad correcta, en el momento correcto, por el motivo correcto, y de la forma correcta…eso no es fácil".[8]

● ● ● ●

**Es necesario aprender a indignarse y a
corregir el agravio con sabiduría.**

LA ALEGRÍA SE ALIMENTA DEL AMOR

*"Ama a Dios, ámate a ti mismo y ama a los demás, así como
te amas a ti mismo. Ese es el secreto para relacionarte bien
con los demás. Porque quien ama, respeta, apoya y considera
a su prójimo, no le hace daño."* –Norma Pantojas

Un viajero ya estaba cerca de una gran ciudad y quiso saber cómo eran las personas que vivían allí. Por esa razón le preguntó a una mujer que estaba a la orilla del camino, cómo eran las personas que vivían allí. La mujer le contestó preguntándole cómo eran las personas de la ciudad de donde él provenía. Él le contestó que eran personas mezquinas, no confiables y detestables. La sabia mujer le contestó que esas mismas personas las iba a encontrar allí.

Más tarde llegó otro viajero que le hizo la misma pregunta a aquella mujer, y ella le contestó de la misma forma: "¿Cómo son las personas de la ciudad de donde vienes?". Aquel hombre contestó lleno de alegría y entusiasmo: "Son personas maravillosas, trabajadoras, honestas y generosas. Me entristeció mucho el tener que salir de esa ciudad". La mujer le contestó: "Eso mismo encontrarás en la ciudad a la que estás próximo a entrar".[1]

A dondequiera que vamos cargamos con nuestra tristeza o nuestra alegría, con nuestra amargura o nuestra dulzura, y vemos todo con los lentes de la tristeza, la amargura o la dulzura. Sazonamos el ambiente al que llegamos con nuestra miseria emocional, o con nuestra inteligencia emocional, porque no vemos las cosas como son, sino interpretamos la realidad de acuerdo a las experiencias que vamos acumulando y a los hábitos que hayamos desarrollado.

Si hemos hecho de la alegría nuestra fiel compañera de viaje, matizaremos nuestras experiencias con alegría, fe y optimismo, desde el hogar hasta el fin del mundo. En Puerto Rico había un anuncio que promocionaban durante el mes de la radio para resaltar la importancia que tiene ese medio de comunicación sobre los demás medios, porque el mensaje que se difunde llega a más personas, ya que la mayoría tiene un radio. Este decía: "A todos nos llega la radio". Y hoy yo te digo: "¡A todos les llega la alegría!". La mayoría de las personas recibe el mensaje que le queremos comunicar, cuando lo hacemos con amor y alegría.

De esa manera podemos entender que si no cultivamos la alegría en el jardín de nuestra vida, nuestro hogar no podrá producir hijos ni cónyuges que se conviertan en portadores de la alegría que sale desde el hogar hasta el trabajo y a dondequiera que vayamos. Cuando cultivas ese gozo, tus hijos se convierten en las semillas de alegría que caerán en los diferentes terrenos en los que se depositen: en el trabajo, en las oficinas médicas, en reuniones, en ascensores, en hoteles, en la calle. No importa donde estén, la sonrisa sincera que sale de un corazón agradecido lleno de amor provoca cambios extraordinarios en cualquier lugar. Lo que te estoy diciendo lo he practicado durante mis sesenta y cinco años de vida, y he cosechado frutos maravillosos.

Mientras estoy escribiendo este libro, viajé a Panamá para dictar unas conferencias sobre mi libro *Los treinta horrores que cometen las mujeres y cómo evitarlos*. Durante el viaje se sentó una mujer con la que estuve conversando y riendo hasta que aterrizó el avión. Mientras hablábamos sobre los efectos de la depresión y la tristeza en la salud de las personas, ella se enteró de que yo era consejera de familia, y yo supe que ella era doctora en medicina. ¡Ambas estábamos disfrutando aquella conversación al máximo! Ella me miraba directamente a mis ojos mientras las palabras fluían sin detenerse. Repentinamente, interrumpió el diálogo y me dijo:

"¡Usted es una mujer muy feliz! ¿Dónde usted dicta sus conferencias en Puerto Rico?". El avión aterrizó, pero la semilla del amor y la alegría quedó sembrada en el corazón de aquella mujer. No puede haber una alegría genuina si falta el amor en nuestra vida. Toda palabra, sea de afirmación o de corrección, necesita estar envuelta en la dulzura del amor para que llegue no solamente al intelecto, sino a las áreas más profundas de nuestro corazón. La alegría sin amor es una algarabía; es ruido sin sustancia.

> LA ALEGRÍA SIN AMOR ES UNA ALGARABÍA; ES RUIDO SIN SUSTANCIA.

Una vez regresé de Panamá, recibí un mensaje de agradecimiento de quien me invitó al evento, y decía lo siguiente: "Todas las mujeres se acercaron hoy a agradecernos por haberla traído a este evento, y desean que regrese pronto. Su risa es real y hace ameno el evento a pesar de las verdades compartidas". Este mensaje me llenó de alegría y de entusiasmo porque ese es el propósito: llegar a los corazones con un mensaje que transforme las vidas de la audiencia. ¿Qué quiere decir este mensaje? Que las personas detectan si tu alegría es real o ficticia. Así mismo tu familia y quienes te rodean saben si tu alegría es sincera o es la sonrisa dibujada en la cara del payaso.

Las relaciones familiares y las interpersonales mueren cuando no están sazonadas con la alegría y el amor. Es ese amor el que nos permite sobrellevar las diferencias, perdonar cuando nos ofenden y pedir perdón cuando ofendemos. Es lo que permite que a veces nos neguemos a nosotros mismos para poder servir a otros. Es lo que permite que podamos amar a quien nos traicionó después de compartir tantas alegrías.

¿Pero por qué un elemento tan indispensable en la construcción de relaciones efectivas y en la edificación de una autoestima saludable, está ausente en tantos hogares y hasta en aquellos donde los padres tienen un coeficiente intelectual alto? Porque las relaciones familiares e interpersonales no son asunto de coeficiente intelectual, sino de inteligencia emocional. Esa clase de inteligencia es la que administra eficientemente nuestras capacidades, habilidades, actitudes, pensamientos y sentimientos.

Es la que nos capacita para relacionarnos exitosamente con las personas porque nos ayuda a controlar nuestras emociones y a comprender a quienes nos rodean. Es la que propicia que podamos "leer a las personas", en palabras simples, identificar la necesidad de quienes se relacionan con nosotros sin que ellos la verbalicen, pues tenemos la sensibilidad para darnos cuenta. Quien no ha desarrollado inteligencia emocional, no alcanzará el éxito en su vida ni podrá llenarse de alegría, ya que se le hará muy difícil relacionarse e integrarse con las personas.

Relacionarse con las personas es más difícil que ir a la luna, porque cada individuo tiene su propia historia y una manera particular de ver e interpretar el mundo. Atendí a un hombre en consejería que estaba desempleado y desesperado porque no encontraba trabajo. Descubrí que ha pasado por nueve empleos aproximadamente. Es un hombre con estudios universitarios, sumamente responsable, no se ausenta de sus trabajos, no llega tarde, pero carga su pasado, y siempre lo tiene presente. Su amargura, su coraje y su odio no le permiten relacionarse efectivamente con los demás, y tiene una actitud silente de "a mí más nadie me va a dañar la vida". Este hombre vive como si hubiera hecho a su alrededor una verja de veinte pies que nadie puede pasar.

Por vivir rumiando el pasado y manifestar su "rabia" con la vida, pierde todos los trabajos que consigue después de haber pasado exitosamente las entrevistas. Si no cambiamos nuestra manera equivocada de pensar,

> "EL PASADO ES UN MUERTO QUE NO MERECE SER RESUCITADO EN NUESTRA MENTE".

no cambiaremos nuestra forma de vivir porque siempre saldrán de nuestro interior las malas actitudes que acompañan los malos pensamientos. Por eso siempre he pensado y lo comunico en muchas ocasiones: "El pasado es un muerto que no merece ser resucitado en nuestra mente". Trae una tristeza que no abona en nada a nuestro crecimiento personal ni emocional. Por el contrario, nos atrasa y nos perjudica.

Daniel Goleman afirma que la vida en familia es nuestra primera escuela para el aprendizaje emocional. Es en el hogar donde aprendemos cómo sentirnos con nosotros mismos y cómo los demás reaccionarán a nuestros sentimientos, cómo pensamos y cómo expresamos nuestras esperanzas y temores.[2] Es en el hogar donde desarrollamos la capacidad de comprender a los demás, pero si los padres son conflictivos y no saben cómo actuar cuando llega la dificultad y el pensamiento diferente, lo que copiarán los hijos es intolerancia. Por esa razón vemos en las noticias personas que asesinan porque no se pusieron de acuerdo con el vecino de cuál era el punto que dividía su terreno, estudiantes que apuñalan al profesor porque no aprobaron un examen, empleados que han asesinado a su exjefe por haberlos despedido. No obstante, quien ha desarrollado inteligencia emocional se puede relacionar con otros efectivamente; sabe diferir, puede comprender cómo otros se sienten, y respeta la autoridad.

A mayor madurez emocional de los padres, mejor será la interacción interpersonal de los hijos. Eso no quiere decir que si no tuviste unos padres que te enseñaran inteligencia emocional con su manera de vivir, tú tienes que ser igual que lo que viste y aprendiste en tu hogar de origen. Todos podemos desaprender lo malo que aprendimos para incorporar lo bueno que nuestro hogar nos negó, porque a su vez a nuestros padres también se lo negaron. Sin embargo, cada individuo puede salir del círculo vicioso del legado negativo que tantas veces sigue vivo debido a que cada nueva generación lo ha seguido practicando en la familia que forma.

Desgraciadamente muchos quedan atrapados en su triste pasado, ya que cuesta mucho esfuerzo y dedicación el cambiar malos hábitos. Son pocas las personas que están dispuestas a ser diferentes de lo que aprendieron en su hogar de origen. Por lo general, las personas repiten lo aprendido aunque sea malo y les provoque dolor.

Yo digo en mis conferencias: "Si a ti te empujaron, ¿por qué tienes que vivir empujando a otros? Si te atropellaron, ¿por qué tienes que atropellar a otros? Si te violaron, ¿por qué tienes que violar a otros? Si tuviste unos padres conflictivos, que no tuvieron control de sus emociones, proferían insultos y en lugar de resolver problemas lo que hacían era agravar las situaciones porque no sabían ni les importaba como los demás se sentían, ¿por qué continúas sembrando la mala semilla que sembraron en ti? ¿No te das cuenta que los demás son seres humanos que necesitan ser bien tratados, ser comprendidos y ser amados? ¿No te percatas de que con tu actitud estás perpetuando algo que te provocó tanto dolor?".

Si cada ser viviente practicara la Regla de Oro que nos ordena hacerles a los demás todo lo que queramos que hagan con nosotros, todos viviríamos felizmente. Porque a ninguno de nosotros nos gusta que nos hagan mal. Los que están en la mafia traicionan, roban, matan, destruyen, pero no les gusta que a ellos los traicionen, les roben, los maten ni les destruyan.

Para cambiar malos hábitos que aprendiste en tu hogar de origen, es necesario que ensayes en tu mente cómo serías si fueras una persona que lograra superar esa característica que te mantiene dañando tu relación con tu familia y con otros, y que además te impide tener éxito en tu trabajo. Supongamos que quieres cambiar tu impulsividad y tener dominio sobre tus emociones. Es necesario que te enfoques en esa cualidad que quieres cambiar, mantengas la voluntad firme en el objetivo que quieres alcanzar, y trabajes arduamente para alcanzar tu nuevo aprendizaje.[3]

Llénate del conocimiento y la comprensión necesarios para alcanzar tu objetivo, y ensaya mentalmente cómo responderías con educación y firmeza a alguien que sea grosero contigo, por ejemplo. Repite ese ensayo mentalmente varias veces, y hazlo tuyo. *Observa mentalmente lo bien que te ves cuando mantienes el control de tus emociones.* Así se logra sustituir los viejos hábitos que perjudican tus relaciones interpersonales, con los nuevos hábitos que te ayudarán a superar tu mala manera de vivir.

¿Por qué hace falta la alegría para hacer cambios en nuestro ser, que beneficien las relaciones de familia de tal manera que cada miembro se convierta en un vocero de amor y alegría? Porque se ha comprobado que mientras más ansiedad sentimos, más se bloquea la eficiencia cognitiva del cerebro.[4] Quiere decir que se afecta el proceso mediante el cual el cerebro adquiere el conocimiento que recibimos de nuestra interacción con el ambiente, tales como la forma de pensar y de resolver problemas, el lenguaje, cómo percibimos nuestro entorno, la memoria, el razonamiento, la atención, la toma de decisiones, entre otras destrezas necesarias para nuestro desarrollo emocional y físico. En los hogares de violencia, las personas viven en ansiedad, en estrés, y eso les imposibilita el tomar buenas decisiones; les afecta su manera de hablar, el desarrollar la creatividad y el enfocarse.

En cambio, de acuerdo con el Dr. Antonio Damasio, de la Universidad del Sur de California, uno de los neurocientíficos más importantes del mundo, los estados de felicidad nos permiten prosperar, vivir bien y disfrutar de bienestar. Explica que *los momentos de alegría abren la puerta de una mayor capacidad de acción, y un aumento de la armonía en nuestro funcionamiento que nos da poder y mayor libertad en todo lo que hacemos.* [5]

Después de conocer toda esta información, ¿cuántos quieren que los miembros de su familia puedan tener esa capacidad de aprender y vivir en armonía?

Estoy segura de que todos anhelan ese ambiente fértil para el desarrollo de individuos alegres y productivos. Si lo deseas, es imprescindible que comiences a generar cambios en tu vida desde hoy porque cada segundo, cada minuto y cada hora cuenta en el proyecto de edificar familias saludables. Una buena influencia y un excelente ejemplo para tu familia permite que cada uno de ellos pueda llegar a disfrutar la alegría, que a su vez genera la armonía necesaria para pensar adecuadamente y convertirse en personas productivas, creativas que tengan el poder sobre sus emociones y mantengan el dominio propio. Goleman afirma que hasta los médicos, que son tan racionales, piensan más claramente cuando están de buen humor.[6]

Lo que se aprende en el hogar, sea bueno o malo, se convierte en nuestro equipaje emocional. Nuestro cuerpo es la maleta que guarda todo lo que aprendimos en nuestro hogar y lo que vamos aprendiendo en el camino de la vida. Así como cada uno de nosotros saca ropa que ya está muy fea o no nos sirve, así mismo si nosotros queremos relaciones exitosas con los demás, es necesario desechar costumbres que nos alejan de los demás y nos perjudican en nuestro caminar hacia la superación personal.

¿Te imaginas cuán grande sería la maleta, si nunca elimináramos la ropa inservible? ¿Por qué empeñarse en guardar, acariciar y practicar lo que les daña a ti y a quienes te rodean? *¡Atrévete a ser diferente!* Conviértete en la persona a quien los demás admiran, no porque tiene el mejor cuerpo, sino por la integridad, la misericordia, el dominio propio, la paz, el amor y la alegría que contiene tu cuerpo.

Regresemos a la importancia de la inteligencia emocional. Dijimos que se comenzaba a aprender en el hogar, pero como consejera de familia he visto cómo muchísimos hogares no enseñan inteligencia emocional a sus hijos. Nadie puede enseñar lo que no tiene incorporado en su equipaje emocional. La buena noticia es que la inteligencia emocional se puede aprender a cualquier edad. Sin embargo, mientras más rápido seas consciente de tus carencias, mejor.

¿Te das cuenta de que necesitas aprender a reconocer tus sentimientos y los ajenos, que debes motivarte a salir adelante en la vida sin depender de que otros te tengan que motivar, y que es imprescindible que aprendas a controlar tus emociones porque estas te arrastran en momentos de tensión? No esperes más; atrévete a cambiar y a construir un nuevo yo. Cuando somos conscientes de nuestras debilidades, podemos ejercer nuestra voluntad y aprender a desarrollar esas destrezas tan necesarias para el diario vivir exitoso.

> NO ESPERES MÁS; ATRÉVETE A CAMBIAR Y A CONSTRUIR UN NUEVO YO.

Daniel Goleman, en su libro *La inteligencia emocional en la empresa*,[8] nos da un ejemplo de dos estudiantes de Yale. Uno de ellos era brillante académicamente, pero tenía mucha habilidad en las relaciones interpersonales, trabajaba con todos, y se ganó el aprecio de todos. Participó en ocho entrevistas de trabajo, recibió siete ofertas de empleo, y triunfó en su trabajo. El otro estudiante era brillante y creativo, pero era tan increíblemente arrogante que sus compañeros le rechazaban. Por su arrogancia recibió una sola oferta de empleo, y fue despedido a los dos años. La diferencia la hizo el que uno tenía inteligencia emocional, y el otro carecía de ella.

Las empresas necesitan personas que se conozcan a sí mismas, que tengan autocontrol, que sean capaces de demostrar empatía con sus compañeros, y tengan la habilidad de relacionarse con los demás. Todo esto crea una atmósfera saludable y agradable para que cada persona dé lo mejor de sí, y produzca al máximo en la empresa.

¡Es tiempo de reflexionar!

+ ¿Tienes inteligencia emocional?

- ¿Has logrado enseñarla en tu hogar?

- ¿Te consideras un excelente recurso para quien te haga una oferta de trabajo?

- ¿Eres capaz de trabajar en equipo?

- ¿Ves soluciones donde los demás ven problemas?

¡Te felicito, sigue alimentando y aprendiendo las destrezas de la inteligencia emocional!

Si te has dado cuenta de que no la tienes y quieres aprenderla aunque tengas que esforzarte, ¡te felicito, porque vas a comenzar a caminar hacia el éxito!

• • • •

Nunca olvides que todo lo excelente cuesta.

LA ALEGRÍA ATRAE LAS OPORTUNIDADES

"Los hombres y las mujeres están limitados no por su lugar de nacimiento, ni por el color de su piel, sino por el tamaño de su esperanza." –John Johnson

Son innumerables las personas que viven aferradas a la idea equivocada de que su vida cambiará cuando se ganen el premio de la lotería. Otros viven en los casinos esperando un golpe de suerte. Sin embargo, es un secreto a voces que las probabilidades de ganarse el premio son comparadas con las de ser alcanzado por un rayo. ¡La suerte nunca debe ser la que dirige nuestro destino porque es un suceso casual no programado!

Quiere decir que si no está programado, entonces no depende para nada de ti; si no te toca, no te toca, por más inteligente que seas, por más habilidades que tengas, y por más optimista y entusiasta que seas. No tendrías que leer para aprender nuevos conocimientos que te llevaran a superarte emocional y espiritualmente, porque dependerías de ser una persona suertuda. Lo único que tendrías que hacer sería sentarte en tu casa a esperar que saliera tu número. ¿Te imaginas cómo es la vida de quienes viven pendientes de un premio que las probabilidades de ganar son de una en millones? Quiere decir que es poco probable que ocurra, sin embargo, las personas juegan para obtener lo que no tienen con el dinero que tampoco tienen, con la falsa esperanza de que "la suerte" toque a su puerta. Esto es incomprensible, pero es la realidad.

Lo curioso es que innumerables personas viven tejiendo una tela de araña con lo que se ganarían, lo que comprarían, con quienes compartirían el premio, a quiénes no les darían un centavo para vengarse de los rechazos que les han hecho, la forma en que le dirían al jefe que ya no volverían a trabajar, y hasta la cara que pondría el jefe al recibir la noticia. Pero cuando llega el gran día esperado en que anuncian los números ganadores para hacer realidad lo soñado, y ven que el número ganador no es igual al jugado, se rompe la tela de araña hasta que repiten el ciclo nuevamente la próxima semana. Así pasan muchos la vida sin darse cuenta de cómo las oportunidades pasan una y otra vez frente a ellos, pero son incapaces de verlas porque su atención está puesta en la suerte, y no en las oportunidades y capacidades que poseen.

Veamos la diferencia entre el vocablo suerte y el de oportunidad. La suerte es un suceso que puede tocar la puerta de cualquier persona. En los aeropuertos hacen un escogido a la suerte para hacer una revisión adicional a la que hace la máquina por la que todos pasan. ¡Y a quien le tocó le tocó! No obstante, las oportunidades están dando vueltas por la vida como si fueran un carrusel, y tan solo las pueden ver los que tienen una actitud optimista, entusiasta y de alegría. Aquellos que viven sumidos en tristezas, odios, amarguras y preocupaciones no ven nada más que su problema. Una y otra vez giran y giran alrededor de su problema hasta hacerlo una bola gigante que los aplasta y los deja muertos en vida. Así, inertes, mantienen solo el aliento de vida que es lo que les mantiene vivos, pero emocionalmente están muertos.

Son incapaces de ver que la vida es tan bella como los pensamientos que generan y la alegría con la que han decidido vivir.

Zig Ziglar, el conferenciante motivacional internacional, afirma que estudió la vida de personas exitosas y concluyó que todas tienen virtudes en común:[1]

- ✦ Tienen una actitud mental positiva.

- ✦ Son agradecidas, ahorrativas, amistosas y compasivas.

- ✦ Son disciplinadas, educadas y comprometidas.

- ✦ Buscan lo bueno.

- ✦ Tienen carácter, convicciones y metas.

Son enérgicos, esperanzados, humildes, justos, leales, optimistas, trabajadores, íntegros, imparciales, perdonadores y responsables.

Si pudiste observar con detenimiento, una persona que reúne todas esas cualidades está llena de satisfacción y alegría porque está en paz con Dios, consigo mismo y con los demás. Por otra parte, quienes

QUIEN NO SE ENFOCA EN LAS SOLUCIONES MORIRÁ SIENDO VÍCTIMA DE SUS PROBLEMAS.

continúan viviendo con la ira almacenada de la traición que les hicieron, y se pasan pensando cómo vengarse; quienes viven sin considerar los sentimientos de otros; quienes tienen vidas dobles que son de una manera en el trabajo y de otra forma en el hogar; en fin, quienes no tienen la satisfacción de vivir sin odio y sin maquinar el mal, están condenados al fracaso total. Viven borrachos de ansiedad, tristeza y depresión, nadando siempre en las aguas contaminadas del pasado.

Estas personas están tan ensimismadas en su pasado y en sus problemas, que no tienen ojos para ver el desfile de oportunidades que pasan inadvertidas frente a ellos. Toda su energía la emplean "engordando" el problema a niveles tales que son incapaces de considerar lo que pasa a su alrededor. Lo que hacen es sobrevivir; no disfrutan de su relación con otros ni con su ambiente. Solo saben lamentarse, victimizarse y decirle a todo el mundo: "Mi problema es el siguiente…" Quien no se enfoca en las soluciones morirá siendo víctima de sus problemas.

Aquel que no tiene alegría vive en un estrés continuo, y quien permanece en ese estrés continuo es porque no se ha adiestrado sobre la manera correcta de enfrentar las dificultades. Porque todos los que estamos vivos tenemos que manejar situaciones difíciles día tras día. La diferencia está en cómo cada persona actúa frente a la dificultad. La persona que tiene el hábito de reaccionar a las malas noticias, ya sea con histeria o con exceso de preocupación, vivirá en un estrés continuo. Esto le perjudicará en su relación con otros, le impedirá ver oportunidades y le ocasionará enfermedades, porque el cuerpo no tiene el tiempo ni los recursos necesarios para regenerarse.[2]

La actitud alegre abre las puertas

La persona estresada y triste matiza lo que ve con negatividad, y convierte las oportunidades en obstáculos. La persona que está alegre ve, en cada obstáculo, una oportunidad para vencer y crecer. Los tristes se encierran en su pequeño mundo de la tristeza, y creen que el resto del mundo está triste también. La persona alegre corre a compartir su alegría porque anhela que todo el mundo pruebe la delicia de la alegría y la superación. Los tristes perderán innumerables oportunidades porque se encierran en su mundo. *Los alegres van sembrando alegría en tantas personas, que crean una inmensa red de apoyo con su buena actitud. A la hora de surgir una oportunidad de superación, los de la red le dejarán saber a los de su red las buenas noticias, mientras el apesadumbrado no las recibe porque ha cortado los canales de comunicación con su encierro.*

Los estudios dicen que el 80% de las ofertas de empleo no se publican en ningún lado. Por lo tanto, es necesario que tengamos una buena red de contactos en la que se hayan logrado buenas relaciones interpersonales porque finalmente, mientras más amplia sea tu red de contactos, más alternativas tendrás para conseguir un buen trabajo.[3] Aunque esta aseveración se refiere a las redes sociales, estoy convencida de que además de tener esa red, debes mantener una buena relación con las personas que vas conociendo, de tal manera que estas no te olviden porque les dejaste grabadas en sus vidas tus bellas actitudes. Una actitud de alegría, felicidad, satisfacción y una buena sonrisa, abre puertas, corazones y oportunidades sin fin. Porque ¿quién quiere a su lado, ya sea en la familia, en la empresa o como amistad, a una persona amargada que todo lo pinta de negro?

> LA PERSONA QUE ESTÁ ALEGRE VE, EN CADA OBSTÁCULO, UNA OPORTUNIDAD PARA VENCER Y CRECER.

Atraes a las personas cuando pintas la vida de colores con tu optimismo, tu alegría y tu entusiasmo, sabiendo que aun la noche más oscura, no importa el problema que estés enfrentando, se atraviesa exitosamente con una actitud de vencedor, capaz de ver soluciones más allá de las dificultades. Atraes a las personas cuando llegas a ser reconocido como alguien que aporta excelentes ideas en la solución de los problemas, siempre tiene palabras de aliento y superación, contagia su alegría a los demás, y aumenta la productividad en la vida de todos con su entusiasmo.

> **UNA ACTITUD DE ALEGRÍA, FELICIDAD, SATISFACCIÓN Y UNA BUENA SONRISA, ABREN PUERTAS, CORAZONES Y OPORTUNIDADES SIN FIN.**

¿Por qué unos ven las oportunidades y otros no? Si no tienes alegría, caminarás por la vida a ciegas porque la pesadumbre te impide ver más allá de lo que ven tus ojos físicos. Las oportunidades son detectadas por aquellos que ven con los ojos de un espíritu lleno de amor, optimismo y alegría. *Solo ellos ven más allá de la realidad cotidiana.* Quien no tiene alegría se siente buscando algo que le llene de satisfacción, pero él mismo no sabe lo que quiere, porque el descontento consigo mismo no le permite disfrutar de nada. Cuando alcanza lo que pensaba que le haría feliz, continúa sintiéndose insatisfecho. Y así sigue de novedad en novedad buscando el algo que nunca llega, mientras las oportunidades desfilan en serie sin ser vistas.

Carl Jung describe esa actitud cuando narra una conversación que sostuvo con un jefe indígena norteamericano en la que el indígena le describía cómo percibía a los blancos: "Tienen caras tensas, ojos penetrantes, y un porte cruel". El indígena decía: "Los blancos siempre están buscando algo y siempre quieren algo. Siempre están incómodos e inquietos. No saben lo que quieren".[4] El indígena logró descifrar la actitud de inconformidad y el desasosiego que mantiene a muchos esperando algo, buscando algo, que ellos mismos no saben identificar.

Cuando no hay propósito ni metas ni objetivos definidos, no hay dirección. Si los vacíos no se llenan con una conciencia noble, se llenarán con cualquier cosa que llene el espacio. Por esa razón tantos consumen drogas, alcohol, marihuana; son compradores compulsivos; son adictos a la pornografía, los juegos de azar, la prostitución, la Internet, o cualquier cosa que les capture y no puedan dejar de hacer. De otra parte observamos que quien vive con un corazón lleno de la alegría que produce el amor y la paz, piensa en objetivos y metas nobles, dignas, que le conducen siempre al bien.

¿Quieres ver las oportunidades que la vida te ofrece? Aprende a ser feliz con lo que tienes en lo que llega lo que anhelas. Vive agradecido con todo y con todos porque aun los momentos y sucesos difíciles,

> **APRENDE A SER FELIZ CON LO QUE TIENES EN LO QUE LLEGA LO QUE ANHELAS.**

cuando los recibes con una buena actitud, moldean tu carácter, y añaden a tu ser otra experiencia necesaria para vivir y apreciar mejor tu vida y la de quienes te rodean.

Sonja Lyubomirsky, una profesora de psicología en la Universidad de California, menciona una serie de observaciones acerca de los patrones de pensamiento y de comportamiento de las personas más felices que han participado en sus estudios y los de otros investigadores. He aquí algunas de estas:[5]

+ Dedican mucho tiempo a su familia y a sus amigos.

+ Expresan su gratitud por lo que tienen.

+ Son los primeros en ofrecer ayuda a otros.

+ Son optimistas al imaginar su futuro.

+ Están comprometidas con enseñar valores que tienen profundamente arraigados.

✦   Soportan el estrés, sufren crisis y hasta soportan trage-
    dias, pero tienen la fortaleza para hacerles frente.

Fíjate que en ninguna de las características que Sonja Lyubomirsky enumera, define a las personas felices como adineradas o
carentes de dificultades y tragedias. Contrario a eso, explica que
son agradecidas y están fortalecidas para la crisis y aun para la
tragedia. Sin embargo, tienen algo significativo que los mueve,
unos objetivos arraigados en valores que definen su existencia.
Vivir de acuerdo a un fundamento sólido que no depende de
cosas que te pueden robar o que puedes perder, sino de unas
convicciones que te hacen sentir en armonía con Dios, contigo
mismo y con los demás, eso es felicidad. Produce la alegría que
ilumina todo tu ser y a cuantos se acercan a ti.

Las personas felices han llegado a ese estado porque no se en-
focan en lo que los demás tienen ni hacen. Están agradecidos
con lo que van logrando paso a paso en la vida con esfuerzo y
dedicación con el fundamento de la verdad, la honestidad y la
esperanza. ¡De un corazón así, sale una alegría sincera y limpia
que ilumina a todos!

Cada uno de nosotros decide hacer el hábito de ser feliz o de ser
infeliz; de caernos y levantarnos o de quedarnos postrados en el
piso. Las personas felices celebran cuando a otros les va bien:
cuando compran su casa nueva, cuando pueden cambiar su automóvil por otro mejor, cuando se restaura una familia, cuando a
alguien le ascienden en su trabajo. Quien es feliz se regocija
cuando otros son felices, y hace todo lo posible para que otros
aprendan a serlo. Las personas felices son conscientes de que no
están exentos de pasar dificultades, y saben que aun en la dificultad pueden conservar el sosiego que les mantiene conservando
su dicha. Las personas felices no compiten con los demás ni

están pendientes de contar lo que los demás tienen ni lo que hacen; pero sí se concentran en su propósito de vida.

Zig Ziglar afirma que es necesario conservar la actitud de asombro del inmigrante que llega a Estados Unidos. Ellos se maravillan ante la belleza, los lujos y las oportunidades que ven en el país al que llegan, y hacen todo lo que sea nece-

> QUIEN ES FELIZ SE REGOCIJA CUANDO OTROS SON FELICES, Y HACE TODO LO POSIBLE PARA QUE OTROS APRENDAN A SERLO.

sario para conquistar las oportunidades. Para lograrlo practican una serie de actitudes que los dirigen a tener éxito en la meta que se proponen. Explica que la actitud del inmigrante que llega a Estados Unidos implica honestidad, fe, disciplina, convicción, enfoque, dirección, deseos, esperanza, crecimiento personal, paciencia, economía, persistencia, flexibilidad y gratitud.[6] Mientras quienes viven en el país muestran descontento y se quejan, el inmigrante se asombra de todas las oportunidades que hay para progresar. Antes de que los inmigrantes se den cuenta de todas las dificultades que hay en Estados Unidos, ya han alcanzado el éxito.[7]

John Johnson, famoso editor de revistas, empresario, y primer afroamericano en aparecer en la revista Forbes 400, dijo: "Los hombres y las mujeres están limitados no por su lugar de nacimiento ni por el color de su piel, sino por el tamaño de su esperanza".[8] Quien dijo estas sabias palabras sabía lo que era la necesidad y la escasez porque creció en la pobreza, pero le sobraba la visión y la esperanza. No se llenó de amargura por lo que no tenía. Se armó de valor y fe para saltar los obstáculos y llegar a la meta que se había propuesto por encima de las circunstancias. Quiere decir que el problema no está en la falta de oportunidades ni el origen de las personas, sino en su actitud. Muchos quieren la gloria, pero no conocen la historia de cómo esas personas que se han destacado han llegado hasta ahí.

+ ¿Vives practicando la actitud del inmigrante o vives quejándote de los problemas que enfrenta tu país?

+ ¿Estás en la disposición de esforzarte por mantener un corazón libre de rencor y amarguras para que puedas ver las oportunidades que desfilan a tu alrededor?

+ Decídete por la alegría de vivir y descubre los obstáculos cuando ya hayas alcanzado el éxito. Esa es la actitud del inmigrante: celebra lo bueno y asigna poca importancia a lo negativo. ¡Enfócate!

● ● ● ●

Las oportunidades son detectadas por aquellos que ven con los ojos de un espíritu lleno de amor, optimismo y alegría.

LA ALEGRÍA ABRE LOS OJOS
A LAS SOLUCIONES

*"Queda prohibido no sonreír a los problemas, no luchar
por lo que quieres, abandonarlo todo por miedo, no
convertir en realidad tus sueños."* –Pablo Neruda

El poeta chileno, Pablo Neruda, al decir que queda prohibido dejar de sonreír cuando se presenta el problema,[1] describió acertadamente la importancia de la alegría en la solución de las dificultades que surgen a diario. Y es que la alegría y la manifestación de esta en una sonrisa o en una carcajada tienen un poder extraordinario para relajar la tensión, la ansiedad, y el estrés que se genera al enfrentar los conflictos que surgen, ya sea en el hogar, en la empresa o donde quiera que vayas. Aunque la alegría es una emoción tan importante en el desarrollo físico, mental y espiritual, muchos no llegan a conocerla porque esperan que un evento exterior transforme sus penas en alegrías, en lugar de transformar las penas que viven en el exterior con la alegría que nace y vive en su interior.

Quien desea ser feliz no puede depender de las circunstancias externas que pueden variar en cualquier momento. Te imaginas que estés horneando unas galletitas y cada cinco minutos le cambias la temperatura abruptamente. ¿Cuál sería el resultado final? Si mantienes el interior del horno a la temperatura adecuada, el resultado final será un buen producto. La temperatura del interior de nuestro ser no la puede graduar lo que está fuera de nosotros. La debemos controlar nosotros mismos cultivando pensamientos de bien que nos capaciten con todas las herramientas necesarias para poder lidiar con las variaciones de las circunstancias.

La integridad, la veracidad, la gratitud, el amor, la paz, la honestidad y un corazón limpio libre de elementos negativos que se han ido acumulando convirtiéndose en costras del pasado, te permiten ser feliz a pesar de todo lo que ocurra a tu alrededor. Nuestra vida no puede ser manejada por fuerzas externas, sino por convicciones arraigadas tan firmemente en nuestro interior que nos permitan mantener a salvo la alegría, el gozo y el deseo de vivir que hemos alcanzado, aún en medio de las tormentas que amenazan nuestro ser.

Mientras escribo este libro pasó por nuestra isla de Puerto Rico el huracán María, el más fuerte en cien años. Yo tenía unas conferencias en Texas y quería cumplir con mis compromisos. Salí un día antes del huracán porque los vuelos del día pautado fueron cancelados. Fue una decisión difícil dejar a mi esposo y a mi familia, pero entendí que era el tiempo de llevar el mensaje de la alegría y la paz a otros, aún en medio de la tormenta.

Mientras soplaban los vientos en Puerto Rico, mi diálogo interno con Dios me susurraba: "Debes estar tranquila porque pase lo que pase no estás sola". El huracán fue terrible, perdimos uno de nuestros negocios, pero no perdimos la paz, ni la alegría, ni el amor, ni la esperanza que nos ha unido por tantos años a toda nuestra familia. Pasaron dos días sin saber de mi familia porque se perdió toda comunicación, mas mi paz interior permaneció. Mis vuelos de regreso fueron cancelados y finalmente pude llegar una semana después.

Nuestro hogar se convirtió en refugio para mis hijos con sus respectivos cónyuges, mis nietos, mis hermanos y otros allegados. En medio del desastre total en que nuestra isla quedó, teníamos dos opciones: llorar hasta el cansancio, o mantener nuestro espíritu alegre y la unidad familiar que siempre nos ha caracterizado. Optamos por esta última y de ahí salieron ideas geniales para enfrentar la crisis.

Si permitimos que el exterior domine nuestro interior, morimos a nuestra esperanza. *Las crisis dejan ver nuestro verdadero carácter, nuestras fortalezas y nuestras debilidades. Nos permiten crecer o morir, reír o llorar, buscar soluciones o ver obstáculos, acostarnos en el sofá de la depresión, o usarlo de trampolín para alcanzar nuevas alturas en nuestro desarrollo moral, espiritual y emocional.* Durante la situación crítica que está viviendo nuestro país después del paso del huracán, escuché a alguien decir que en las crisis están los que lloran, y están los que venden los pañuelos. Tú y yo debemos estar siempre en el grupo de quienes venden los pañuelos. Quienes vendemos pañuelos también lloramos, pero no nos sentamos a llorar. Nos secamos las lágrimas y continuamos con nuestra alegría, nuestro optimismo y nuestra energía, porque nuestra mirada no se enfoca en el problema, sino en encontrar soluciones.

En las empresas, las crisis también revelan el verdadero carácter de quienes laboran. Como consejera de familia he tenido la oportunidad de atender a empresarios y asociados que a su vez han formado familias. Quienes más se quejan de sus empleos, de sus jefes, de sus compañeros y les culpan de la infelicidad que están experimentando, son aquellos que salieron impregnados de amargura, odio y rencor de sus conflictivos hogares de origen. Llevan su infelicidad interna a dondequiera que se mueven, incluyendo al nuevo hogar que formaron cuando llegaron a la adultez y se casaron. Ellos esperan encontrar la alegría en quienes le rodean, sin percatarse de que la amargura que llevan en su interior repele el amor y la felicidad que otros le brindan.

En lugar de convertirse en receptores de amor y productores de alegría, se convierten en la lija que pule la paciencia de quienes les rodean y comparten labores con ellos. Esas mismas personas se convierten en empresarios, supervisores y trabajadores amargados, que crean un ambiente conflictivo y una ausencia de soluciones. Ellos pintan toda su realidad de negro en contraste con los que decidimos ser felices, que pintamos la realidad de colores aunque somos conscientes de la imperfección de nosotros mismos y del ambiente que nos rodea.

> LA AUTORIDAD Y EL RESPETO NO SE GANAN POR ESTAR SERIOS, SINO POR LAS EJECUTORIAS LLENAS DE INTEGRIDAD.

Nosotros somos felices y tenemos alegría no por lo que nos rodea, sino por lo que llevamos muy adentro en nuestro ser. Ese amor entronizado en nuestro corazón es el que produce alegría, paz, paciencia, amabilidad aun con aquellos que no son amables, porque hemos decidido tener dominio de nuestras emociones.

Lamentablemente, hoy día muchos piensan que esas buenas características son sinónimos de flojera y si están en una posición de autoridad, aún más. Han llegado a creer que si manifiestan alegría pierden autoridad y abren la puerta a no ser respetados.

Erróneamente han llegado a convencerse de que para ser respetados deben hablar fuerte, ser ásperos y permanecer serios con el ceño muy fruncido. Nada más lejos de la verdad. La autoridad y el respeto no se ganan por estar serios, sino por las ejecutorias llenas de integridad que se reflejarán en una actitud afable.

Un corazón alegre refleja paz y seguridad, e inspira respeto con su presencia. Está lleno de las características que definen un carácter que mantiene la armonía en medio del conflicto. Eso le capacita con la creatividad necesaria para encontrar soluciones que beneficien la productividad de la empresa. Quienes viven respondiendo a lo que le dictan sus impulsos, gritan, pelean y son ásperos, no aportan soluciones, sino que se convierten en generadores de graves conflictos que atrasan la productividad del equipo. *Las empresas no necesitan que le sumen problemas, sino soluciones. Decídete a no esperar por nadie para practicar las virtudes que encenderán la alegría en tu ser.*

Llega a mi mente una historia que leí hace muchos años y aunque son narraciones que pertenecen a la ficción, sus enseñanzas se aplican a nuestra realidad, y permanecen grabadas en nuestro corazón para siempre.[2] Un rey colocó intencionalmente una gran piedra en uno de los caminos más transitados de su reino. Luego se escondió para observar lo que hacían las personas cuando se encontraban con ese obstáculo en el camino. Los primeros en pasar bordearon la piedra y siguieron su camino. Luego pasaron unos mercaderes, con sus carretas llenas de mercancía, criticando al rey por no mantener los caminos libres de obstáculos, pero también continuaron su ruta.

Así fueron pasando otros y otros posiblemente señalando el problema, pero ninguno hizo algo para resolver la situación del obstáculo en medio del camino. No obstante, siempre hay alguien que alcanza a ver más allá del obstáculo y vislumbra soluciones que le cuestan tiempo y esfuerzo. Ese alguien fue un campesino que llevaba un cargamento de hortalizas sobre su espalda. Después de observar la piedra, colocó el saco de hortalizas en el suelo, y la empujó con todas sus fuerzas hasta quitarla del camino. Fíjate que necesitó quitarse la carga que él llevaba sobre su espalda, para poder ver y actuar frente al problema. *No podemos tener visión para identificar problemas y detectar soluciones si nuestra visión emocional está empañada por nuestros propios conflictos emocionales.* Un corazón limpio puede ver lo que nadie ve. El campesino pudo haber pasado por el lado de la piedra, tal como lo hicieron los demás, pero no se conformó con pensar solo en sí mismo, sino en el bienestar de todos los que pasarían por el lugar.

> UN CORAZÓN LIMPIO PUEDE VER LO QUE NADIE VE.

Una vez resolvió el problema con la remoción de la piedra, ya iba a continuar su camino cuando vio un saquito donde estaba la piedra. Al abrir el saquito, vio varias monedas de oro y una nota que decía: "Estas monedas son para la persona que se tome la molestia de mover la piedra del camino. Firmado: El Rey".

Aquello que para los demás fue un obstáculo y un objeto de toda clase de críticas fue para él la oportunidad de servir a otros, de ser reconocido por la autoridad máxima, el Rey, y ser recompensado materialmente con las monedas. Fíjate que la recompensa material la dejé para el último lugar, porque lo que engrandeció a este hombre fue su amor y consideración por los demás y la calidad de carácter que definió su acción.

No siempre el bien es recompensado por las personas comunes. Sin embargo, la recompensa más grande es la alegría y satisfacción que sentimos cuando actuamos para el bien de todos. No importa el esfuerzo que tengamos que hacer, la integridad que manifestemos en todo lo que hacemos produce en lo más íntimo de nuestro ser la alegría verdadera. Por esa razón, jamás te canses de hacer el bien, aunque la traición recibida de algunos muchas veces te quiera convencer de que dejes de hacerlo.

La poetisa chilena, Gabriela Mistral, recoge en su poema *El placer de servir* la importancia de servir y de aportar soluciones.[3]

> Toda la Naturaleza es un anhelo de servir.
> Sirve la nube, sirve el viento, sirve el surco.
> Donde haya un árbol que plantar, plántalo tú:
> donde haya un esfuerzo que todos esquivan, acéptalo tú;
> donde haya un error que enmendar, enmiéndalo tú.
> Sé el que apartó la piedra del camino,
> el odio de los corazones y las dificultades del problema.
>
> Hay la alegría de ser sano y la de ser justo;
> pero hay la hermosa, la inmensa alegría de servir.
> Qué triste sería el mundo si todo en él estuviera hecho,
> si no hubiera en él un rosal que plantar,
> una empresa que emprender.

Cuando aportamos soluciones, estamos produciendo al máximo porque estamos acabando con una dificultad o problema que nos mantiene atascados en un hoyo profundo, impidiéndonos progresar. El consejo de la poetisa chilena es que no esperes por nadie para hacer el bien. Servir es un deleite.

La alegría es fundamental en la solución de problemas, conflictos y en la búsqueda de un camino mejor para lograr salir adelante cuando estamos en un atolladero. Eva Salabert, periodista experta en salud, explica que se ha demostrado científicamente que la corteza cerebral libera impulsos eléctricos un segundo después de comenzar a reír, expulsando de nuestro organismo la energía negativa.[4]

Recuerda que cuando reímos, el cuerpo segrega endorfinas que alivian el dolor y te relajan emocionalmente. La risa afloja el estrés y alivia la depresión, te ayuda a combatir los miedos y a vencer la timidez, lo que facilita la comunicación interpersonal. La persona puede expresar las emociones con más facilidad. Eva Salabert afirma que la risa, al aliviar el sufrimiento y descargar las tensiones, da alas la imaginación y a la creatividad.[5] Si se ha comprobado que la risa es tan importante en la liberación del estrés y las angustias, si se sabe que da alas la creatividad y a la imaginación, eso significa que es necesario cultivar la alegría como un elemento imprescindible en la solución de problemas.

La risa es la manifestación de la alegría y son muchos sus efectos beneficiosos:

+ Las carcajadas disminuyen el insomnio.

+ Previene los infartos porque los espasmos que se producen en el diafragma fortalecen los pulmones y el corazón.

+ Rejuvenece la piel porque tiene un efecto tonificante y antiarrugas.

+ Libera endorfinas que producen un efecto analgésico.

+ Reduce la presión arterial.

+ Refuerza el sistema inmunológico.

+ Facilita la digestión al aumentar las contracciones de los músculos abdominales.

+ Mejora la respiración.

+ Nos permite sentirnos más seguros de nosotros mismos.

Todos estos beneficios de la alegría se han mencionado en este capítulo de solución de problemas para demostrar que no basta con tener el conocimiento y las destrezas que requiere cada función que ejerzamos. Scott W Ventrella, director de *Positive Dynamics*, una empresa que desarrolla programas de mejoramiento del desempeño, afirma que en la mayoría de los casos las personas saben qué hacer y cómo hacerlo, pero no se desempeñan tan bien como debieran. Explica que los pensamientos auto limitantes y los pensamientos negativos que son los responsables de configurar la actitud, bloquean la aplicación eficaz del conocimiento y las destrezas.[6]

Así pasa con la alegría. Si el cambio no se opera en el interior del ser humano, donde se generan los pensamientos que forman las actitudes, aunque las personas tengan el conocimiento de los efectos positivos que produce la alegría en todas las áreas de la vida, no la podrán disfrutar. Sí, serán capaces de reír como lo hace cualquier persona cuando escucha algo gracioso, pero no tendrán la alegría que transforma el corazón del individuo y lo convierte en acciones poderosas e impactantes.

Por más conocimiento y destrezas que tengan los que laboran en una empresa, si sus actitudes se originan en un corazón carente de principios que gobiernen sus vidas y lleno de pensamientos negativos, sus ejecutorias no tendrán la misma eficacia de quienes

LA ALEGRÍA ACLARA Y AMPLÍA NUESTRA VISIÓN; NOS LLENA DE ENERGÍA Y DE UN OPTIMISMO CAPAZ DE VENCER LO INVENCIBLE.

tienen en su interior un caudal de pensamientos bien repletos de virtud, capaces de transformar su entorno con sus buenas actitudes que a su vez generan soluciones y relaciones interpersonales efectivas.

Una persona que posee la alegría necesaria para desafiar la adversidad, no se siente satisfecho con cualquier solución temporera a una situación difícil. Es capaz de esforzarse hasta encontrar aquella que es excelente porque llena la necesidad de la empresa aunque le cueste un esfuerzo extraordinario. La razón es sencilla: la alegría aclara y amplía nuestra visión; nos llena de energía y de un optimismo capaz de vencer lo invencible.

Si cultivas la verdadera alegría, cuando llegue la situación adversa:

+ Medita y analiza en detalle todos los ángulos del problema.

+ Piensa en posibles soluciones.

+ Evalúa si cada una de ellas cumple con los principios de integridad y honestidad.

+ Evalúa las consecuencias de cada posible solución a corto y a largo plazo.

+ Si es posible, comparte las posibles soluciones con las personas a quienes les rindes cuentas.

+ Nunca aceptes sugerencias que vayan en contra de tus principios aunque eso implique perder hasta tu empleo. Tu credibilidad y tu integridad valen más que todo el dinero que te puedas ganar.

+ Después de evaluar todas las posibles soluciones, escoge la que mejor resuelva la situación y cumpla con todos los principios que definen lo que es integridad.

En Puerto Rico, luego del paso del huracán, no había luz, ni agua ni comunicación. Los supermercados decidieron abrir, pero con una entrada limitada por largas y tediosas filas que tomaban horas antes de que cada cliente pudiera entrar. Los gerentes querían evitar el hurto y el saqueo de alimentos. Sin embargo, en la cadena de establecimientos Sam's Club a alguien se le ocurrió la brillante idea de asignarle un asociado a cada persona que se le permitiera entrar. Cada cliente debía tener escrito lo que necesitaba, y tenía solo quince minutos para comprar. Esta solución permitió que innumerables clientes satisficieran su necesidad de manera más rápida y organizada. Quien o quienes hayan encontrado esa alternativa para resolver la situación surgida con la crisis, son personas creativas y asertivas.

● ● ● ●

A través de la alegría que vive en ti y de tus sabias soluciones, revela que llegaste a este mundo a resolver y no a crear conflictos.
¡Anida la alegría en tu corazón y sé feliz!

LA ALEGRÍA SE NUTRE DE UNA AUTOESTIMA ALTA

"Lo que define tu identidad no es quien te crió, sino quien te creó. Eres valioso; piensa y actúa como tal." –Norma Pantojas

Cuando hablamos de estima propia, posiblemente te preguntarás y ¿cómo yo sé que mi estima propia es alta? Lynda Field, diplomada en sociología y psicología social considerada como una experta en su especialidad, afirma que podemos reconocer si una persona tiene una estima propia alta si está disfrutando plenamente de su vida, y es capaz de ser lo que quiere ser y de hacer lo que quiere hacer.[1]

Cuando sentimos que tenemos control sobre nuestra vida y caminamos reconociendo la belleza de la naturaleza, el cantar de los pájaros, apreciamos los matices y colores del paisaje, vemos que todos tenemos características en común y a la vez, todos somos diferentes y somos conscientes de cuánto valemos, estamos disfrutando de una autoestima alta. Una estima propia alta no es sentirse mejor ni más inteligente que los demás. Es reconocer que tenemos un valor incalculable y debilidades que debemos superar. Es valorar a los demás así como nos valoramos nosotros. Es apreciar la belleza del ser humano aunque tenga debilidades y frustraciones, y no piense como nosotros.

Cuando nos sentimos valiosos y sabemos que llegamos a este mundo con un propósito, nos sentimos alegres de poder vivir para disfrutar de todo lo que nos rodea. Tenemos la certeza de que somos capaces de enfrentar los retos que se nos presentan. Manifestamos la seguridad y la alegría de vivir en todo lo que hacemos. Además, no permitimos que el mundo exterior nos domine porque la fortaleza que se origina en nuestro interior es capaz de vencer las circunstancias.

Innumerables personas tienen una imagen de sí mismas tan estrecha, que piensan que otros pueden vencer las dificultades, pero ellos no lo pueden hacer. Tienen capacidades e inteligencia, pero no saben que la tienen. Es como desconocer que tenemos un tesoro en la casa, y vivir en la pobreza. Quienes no se estiman a sí mismos viven en esa misma miseria, con un tesoro en su interior que no han identificado. Viven desesperanzados, esperando que alguien les ayude a alcanzar lo que anhelan porque se sienten insuficientes para poder lograrlo. Creen que son incapaces de salir del atolladero en que están.

La imagen que tenemos de nosotros mismos nos permitirá avanzar en nuestro caminar o nos estancará en nuestro recorrido. Cuando voy a los funerales y conozco bien a las personas, a veces pienso: "Cuántas capacidades murieron sin ver nunca la ejecución en la realidad". Si no tienes una imagen correcta de quién eres y cuál es tu identidad, te sentirás siempre insatisfecho buscando ese algo que llene tu corazón y te haga sentir que vales. Pero el valor no lo determina el hacer cosas. El hacer demuestra lo que hay en tu corazón.

A veces los padres le dicen a sus hijos: "Estudia para que seas alguien en la vida". La premisa correcta debe ser: "Estudia para capacitarte y servir mejor en la sociedad", porque los estudios no te hacen valioso. ¡Cuántos tienen doctorados y son profesionales en diferentes áreas, pero son incapaces de amar, de reconocer el valor de otros y no saben relacionarse asertivamente con su prójimo! En las empresas son generadores de conflictos, en lugar de ser generadores de energía.

Las imágenes correctas te ayudan a vencer, y las imágenes incorrectas te tiran en un rincón como si fueras algo inservible. La imagen que tienes de ti, ¿es correcta o incorrecta? ¿Te sientes bien contigo mismo? ¿Valoras y respetas a los demás? ¿Reconoces y aplaudes las habilidades y triunfos de otros? ¿Tienes misericordia cuando otros se equivocan y los ayudas a identificar su error, o la emprendes contra ellos con una crítica destructiva? En tu trabajo, ¿puedes interactuar efectivamente aún con aquellos que manifiestan un temperamento fuerte? ¿Eres discreto o comentas con todos sobre todo? ¿Te distingues por tu alegría y a la vez por tu firmeza de carácter, o cambias de parecer si te conviene? ¿Dependes de la opinión de los demás para sentirte bien o te sientes bien porque estás seguro de la decisión que tomaste, aunque los demás te critiquen? Es necesario tener una imagen correcta de nosotros mismos si anhelamos alcanzar cualidades que nos definan como seres ser con una estima propia alta que sabe reconocer no solo su valor, sino el de su prójimo.

Hay una historia conmovedora que nos revela la importancia de reconocer nuestra identidad para comenzar el desarrollo de una estima propia alta, cuando por diversas razones no se dio el proceso correcto en el hogar. Este hombre se llama Ben Hooper,[2] quien nació en el 1870 en Tennessee. En esa época los niños que nacían de madres solteras eran discriminados y tratados muy mal; eran vistos como hijos de padres desconocidos. Cuando ya tenía 3 años, los otros niños raramente jugaban con él, y los padres de ellos les decían: "¿Qué hace un muchacho como ese jugando con nuestros hijos?". Todos se preguntaban quién sería su padre. A los 6 años entró a primer grado. En los recesos se quedaba en su escritorio porque nadie quería hablar con él. Y en el almuerzo él mismo se servía y comía solo.

Cuando tenía 12 años, llegó un nuevo pastor a la iglesia del pueblo. Ben comenzó a escuchar cosas buenas sobre el pastor. Escuchó que aceptaba a las personas como eran y las hacía sentir como las personas más importantes del mundo. Además, se comentaba que cuando el predicador hablaba, el rostro de las personas se transformaba, sonreían, aumentaban las risas y sus espíritus revivían. ¡Te puedes imaginar cuán importante fue para ese niño tan discriminado y rechazado por no saber quién era su papá, el saber que aquel predicador demostraba tanto amor a las personas!

Un domingo el niño, que nunca había ido a una iglesia, decidió ir a escuchar al predicador. Llegó tarde y salió antes de que terminara aquella reunión porque no quería llamar la atención de las personas, pero sí le gustó la predicación. Volvió otra vez el domingo siguiente y el siguiente y el siguiente. Llegaba tarde y se iba antes de que terminara la celebración, pero su esperanza crecía a medida que escuchaba a aquel hombre hablando con tanto amor y pasión. El sexto domingo, el mensaje fue tan conmovedor y excitante que quedó cautivado. Era como si detrás de la cabeza del predicador hubiera un rótulo que dijera: "¡Hay esperanza para ti, pequeño Ben Hooper, hijo de padre desconocido!"

Ben estaba tan absorto en el mensaje, que se olvidó de salir antes de que terminara la predicación. De repente, el servicio terminó. Ben se puso de pie para salir rápidamente sin ser visto, pero el pasillo estaba tan repleto de personas, que no pudo salir corriendo. Mientras trataba de abrirse camino entre la multitud, sintió que alguien lo tocaba por el hombro. En ese momento, miró hacia arriba y sus ojos se encontraron con los del predicador, quien le hizo la pregunta que tanto él había temido que le hicieran durante sus doce años de vida: "¿De quién eres hijo?".

Se hizo un silencio en la iglesia, mientras el predicador le miraba con una amplia sonrisa. Me imagino ese tenso silencio mientras todos esperaban saber quién era el padre del niño. De pronto el predicador se rió y exclamó: "¡Oh! ¡Yo sé de quién eres hijo! Porque tus rasgos me son familiares, son inconfundibles. Tú eres un hijo de Dios!" Luego le dio una palmada en la espalda y le dijo: "¡Es una tremenda herencia la que has recibido, muchacho! Ahora, anda y vive de acuerdo a ella".

Un niño desesperanzado, con un padre desconocido, repentinamente había recibido la gran noticia de que tenía padre y le había dejado una herencia. La imagen que él tenía de sí mismo había cambiado, de ser el hijo de un padre desconocido a ser un hijo de Dios a quien Él le había dejado una herencia. El predicador se encargó de dejarle bien claro que siguiera adelante en la vida y viviera de acuerdo a la herencia que le había dejado su padre. Esta recomendación significativa le dejaba claro que aunque él no conocía a su padre terrenal, tenía esperanza de salir airoso en la vida porque Dios era su padre, le amaba independientemente de su situación, y le dejaba una herencia de paz, fortaleza, valor propio y bienestar que no se puede comprar con dinero porque su valor es incalculable.

Ahora Ben podía sonreír, no era hijo de un padre desconocido, tenía un padre celestial que lo amaba, tenía identidad; era el hijo del "Dios viviente". Cuando cambió su imagen de sí mismo, y se dio cuenta que era valioso, pensó, sintió y actuó como una persona valiosa. Por esa razón veintiocho años después cuando fue electo gobernador de Tennessee, él confesó que el verdadero día en que fue electo gobernador fue a los doce años, el día en que supo que era un hijo de Dios a quien Él le había dejado una gran herencia. Ese día cambió su imagen: de ser hijo de un padre desconocido se convirtió en un hijo de un Dios que lo amaba.

Una imagen pobre produce acciones pobres. Una imagen valiosa produce acciones valiosas. Ben Hooper olvidó para siempre que era el hijo de un padre desconocido, y comenzó a caminar con una identidad definida. Se convirtió en abogado y no solo llegó a ser gobernador, sino que fue reelecto como gobernador. Y es que no importa quién nos haya criado, ni lo negativo que nos hayan dicho sobre nuestra identidad, lo que sí importa es quién nos creó y cuánto Él nos ama.

> LA AUTOESTIMA ALTA Y LA CONFIANZA EN UNO MISMO SON ELEMENTOS INDISPENSABLES PARA QUE LA ALEGRÍA VIVA EN NOSOTROS.

La autoestima alta y la confianza en uno mismo son elementos indispensables para que la alegría viva en nosotros. La autoestima alta no nace con nosotros. Se comienza a edificar desde que nacemos con la influencia positiva de nuestros padres o de quienes nos hayan criado. Más adelante, se siguen sumando otras influencias como la escuela, la iglesia y la interacción social. Quiere decir que si se puede edificar una autoestima alta, no importa cuán bajo una persona llegue a pensar de sí misma, puede aprender a levantar su autoestima.

Quienes se valoran a sí mismos pueden enfrentar los desafíos que presenta la vida, sin perder su alegría. Ellos saben que tienen la capacidad para crear y vencer ante la adversidad. Por eso disfrutan la vida a pesar de las circunstancias. De otra parte, están quienes carecen de estima propia. Estos se victimizan cuando llega la adversidad, viven ansiosos, se rinden fácilmente; se frustran con ellos mismos y con el mundo que les rodea. Se critican a sí mismos y critican a otros; son pesimistas. Por esa razón su visión está llena de obstáculos, y son incapaces de ver soluciones. En la interacción con otros, se sienten inferiores.

Por eso muchos de ellos necesitan aparentar que son mejores que los demás, se aíslan o son conflictivos, porque sienten que son rechazados o menospreciados. Sus diálogos interiores reciclan constantemente pensamientos negativos que generan actitudes y acciones negativas. Piensan: "Nunca hago nada bien, el éxito no se hizo para mí". Su pensamiento favorito es "no puedo", porque dudan de sus capacidades. Actúan de acuerdo a la imagen negativa que tiene de ellos mismos porque ven en el exterior lo que tienen en su interior. Recordemos siempre que no vemos las cosas como son, sino como somos.

La buena noticia es que si no tienes una estima propia alta, hoy puedes comenzar a construirla como lo hizo Ben Hooper.

+ No culpes a los demás de tu autoestima baja ni de lo que te decían cuando eras niño. Ya creciste y eres responsable de ti. Cada uno de nosotros es responsable de sí mismo. *Somos lo que creemos que somos.* Por eso es tan importante el cultivo de buenos pensamientos.

+ Reconoce tu identidad: eres creación de Dios, por tanto, ya eres una persona valiosa.

+ Higieniza tu mente. Los pensamientos son demasiado poderosos y te pueden llevar a la cumbre o a la destrucción. Deja en el olvido todas las críticas y comentarios negativos que has recibido desde tu niñez hasta el día de hoy, aun hasta de los que recibirás en el futuro. Concéntrate en todas las capacidades con las que Dios te dotó para que te convirtieras en alguien fructífero.

+ Acéptate tal y como eres, y siéntete bella o bello, independientemente de los códigos de belleza sociales. No valemos por nuestra apariencia, sino por nuestra identidad, la alegría, la ternura y el amor con el que podamos contagiar a otros.

+ Cultiva un diálogo interior positivo en el que te trates con palabras de afirmación: "Me amo, me valoro, lo estoy haciendo bien, lo lograré, qué bien me siento, qué bien me veo, todo tiene solución con una buena actitud. Lo más importante es lo que yo pienso de mí y no lo que otros me puedan criticar. Estoy llena o lleno de alegría, y todo esto me da la energía y la alegría para vivir. Soy una vencedora o un vencedor". Este monólogo te empodera y te hace lucir con una seguridad que te da presencia dondequiera que vayas, a la vez que te permite desarrollar al máximo tus capacidades.

+ Comienza a trazarte metas, colócalas en orden de prioridades, y escribe un plan de acción para lograrlas.

+ A medida que vayas superando tus temores y logres hacer lo que anteriormente no te atrevías, *celebra tus pequeños y grandes logros*. No te castigues por lo que no salga como tú esperabas; vuelve a intentarlo. Fíjate que a veces la computadora cuando abrimos una página o enviamos un correo, nos envía un mensaje que nos dice: "Vuelva a intentarlo". Porque no se logró lo que queríamos hacer, ¿echamos a la basura la computadora, o lo seguimos intentando? Yo lo sigo intentando. Si así lo hacemos con la computadora, ¿cómo no lo vamos a hacer con nuestra vida? ¡Adelante, adelante, siempre adelante!

+ No te frustres cuando algo sale mal después de haberte esforzado. Los momentos tristes forman y pulen nuestro carácter.

+ Tampoco te frustres cuando llega el momento de la tristeza. Lo importante es que no le hagas un nido y te duermas con ella. *Valida la tristeza y despídela lo antes posible porque esta te empaña la visión y te atrasa en tu recorrido.*

+ No te compares con nadie. Compárate contigo mismo si quieres saber cuánto has progresado en tu proyecto de superación.

+ Sé siempre agradecido. Por nada olvides la mano amiga que se extendió para ayudarte.

+ Tiende puentes de comunicación. *Si los quemas, no los tendrás cuando necesites cruzar el ancho mar de la vida.*

+ Paso a paso irás logrando victorias y estas te demostrarán que tú sí puedes. Eres alguien maravilloso creado a imagen y semejanza de Dios, por lo que debes pensar, sentir, actuar y vivir conforme a esa imagen.

Así se construye la estima propia alta. No es un acto de magia ni algo hecho al azar. Es una obra de arte pensada, estructurada para la persona más importante: tú.

Cualquier empresa responsable deseará contar con una persona que reúna todas esas cualidades positivas. Solo alguien que se valora puede mantener su alegría, el dominio propio, la firmeza de carácter y una visión clara para producir efectivamente, y relacionarse de forma eficaz con todos los que laboran.

● ● ● ●

¡Atrévete a lograr lo que te has propuesto, y no pospongas tus obligaciones!

LOS LADRONES DE LA ALEGRÍA; ¡ARRÉSTALOS YA!

"No hay peor ladrón, que el de tu misma mansión." −Proverbio popular

Todos sabemos que un ladrón es alguien que toma para sí algo que no es suyo sin el consentimiento del dueño, ya sea con violencia, con intimidación o sin que la persona afectada se dé cuenta. Robar es un delito y se castiga cuando el ladrón es identificado y existe suficiente evidencia sobre quién cometió la fechoría. El robo de elementos materiales es fácil de identificar porque se echa de menos fácilmente lo que falta. Sin embargo, cuando lo robado es algo intangible y es perpetrado por algo también intangible, solo se dan cuenta quienes meditan, reflexionan y evalúan sus vidas. Eso es lo que ocurre con la alegría y la falta de ella.

La alegría es intangible, no se puede tocar y los delincuentes que se la roban también son intangibles, por lo que innumerables veces hurtan la alegría sin que las personas afectadas lo adviertan. Es necesario que conozcas algunos de ellos para que los identifiques si algún día llegaran a tu vida, o los arrestes si ya han llegado y no los habías identificado. Solo así puedes hacerles frente, y evitar que te lleven el tesoro más preciado: tu alegría.

Aunque he mencionado cada ladrón individualmente, es imprescindible señalar que todos ellos caminan juntos y están tan relacionados entre sí que son inseparables. Esa es la razón por la que te afectan, y como caminan contigo todo el tiempo, afectan también a quienes se relacionan contigo en tu hogar, en tu trabajo y dondequiera que vas. ¡Conozcamos algunos de esos ladrones y cómo arrestarlos para que no te roben tu alegría!

1. Rechazo

Este ladrón es muy cruel, y quiere destruirte haciéndote creer que no eres valioso. Todos tenemos la necesidad de sentirnos amados, aceptados, valorados y respetados, pero no todos crecemos en un hogar en el que esas necesidades han sido satisfechas. Quienes forman familias vienen de otras que cargan consigo experiencias similares, y por lo general cada persona le da a sus hijos la experiencia heredada de sus padres o de quienes le criaron, independientemente si fue buena, mala o regular. Los que tuvimos la dicha de ser criados en un hogar de amor y respeto, crecimos sintiéndonos amados, aceptados, valorados y respetados.

Sin embargo, quienes crecieron en hogares donde fueron maltratados, rechazados y sin consideración alguna, piensan equivocadamente: "Si mis padres, las personas que se supone que me amen, no se interesan por mi bienestar, me maltratan y no tienen muestras de afecto, sino que me dicen, 'déjame quieto muchacho, lo que me has traído desde que naciste son problemas', quiere decir que no tengo valor".

Ese niño rechazado por lo general se convierte en un adulto que no puede creer que alguien le ame, y lo que va acumulando en su corazón es amargura. En su lugar de trabajo se va a sentir rechazado por sus compañeros porque todo lo ve desde su experiencia negativa en la niñez.

¿Cómo vencer el rechazo?

Reconoce que tienes un valor incalculable porque Dios te creó y no te abandonará nunca. Aunque tus padres por ignorancia, inmadurez y porque no supieron ser diferentes a cómo los criaron a ellos no supieron valorarte, tú necesitas internalizar que tú sí vales y vas a ser una persona diferente. Aprende a pensar, sentir y actuar como alguien valioso para que con tus ejecutorias hagas como hizo Ben Hooper, que pasó de ser el hijo de un padre desconocido a ser el gobernador de Tennessee, cuando reconoció que aunque no tenía padre terrenal, era el hijo del Dios viviente.

2. Amargura

Amargura es lo contrario a dulzura. Cuando no has recibido los elementos que endulzan la vida de cualquier ser humano, tales como: el cuidado amoroso, el abrazo, el beso, la caricia, el ser alimentado, aceptación y todo lo necesario para haberte sentido atendido y amado, cargas en tu equipaje emocional una profunda tristeza.

La amargura se nutre de recuerdos que te han provocado dolor y no los has podido asimilar o aceptar, ni has perdonado a quien los ocasionó o no te has perdonado a ti mismo si fuiste tú quien provocó la situación. Ese recuerdo sigue vivo, y cada vez que viene a tu memoria, vuelves a sentir las mismas emociones que experimentaste el día en que ocurrió el evento. Ese cúmulo de malos recuerdos no resueltos porque no has tomado la decisión de perdonar, va amargando lentamente tu vida hasta incapacitarte para sentir y saborear momentos dulces. Así creces almacenando rencor por todo lo que sientes que la vida te ha negado hasta convertirte en un recipiente de odio incapaz de amar, reír y de dar afecto.

Hace años reunía un grupo de apoyo de mujeres, y a una de las reuniones llegó una mujer que dijo en voz alta para que todas tuvieran conocimiento: "No quiero que nadie me abrace". La amargura le impidió recibir el amor que estábamos regalando y la sanidad que se estaba recibiendo en aquella dinámica. Lo que esta mujer estaba haciendo era perpetuar las carencias de su niñez hasta que un día llegara su muerte física, porque emocionalmente ya había muerto hacía tiempo.

Todos tenemos la capacidad de aprender a suplir lo que nos fue negado en nuestro hogar de origen. Si no lo hacemos, perpetuamos el sufrimiento adquirido por nuestras carencias hasta el final de nuestros días. De esta manera ni fuimos felices en la niñez, ni somos felices en el presente, ni lo seremos en el futuro. Lo más triste es que los conflictos no resueltos los pasamos a nuestros hijos, y así se continúa eslabonando la cadena.

De la misma manera que quienes hemos vivido sintiéndonos amados y protegidos se lo transmitimos a nuestros hijos y esa herencia de amor continúa de generación en generación, la amargura, el odio y el rencor se transmiten de generación en generación. En un corazón lleno de amargura, no tiene cabida la dulzura, el amor y la paz que producen alegría y energía para vivir a plenitud.

La única forma de sanar la amargura es tomar la decisión de perdonar. *El perdón es una decisión. Si esperas sentir perdonar, nunca lo harás.* Ninguna persona responsable espera sentir el deseo de ir a pagar la casa en que vive. La paga porque ha decidido ser responsable con sus obligaciones y si no lo hace, sabe que perderá su casa.

Así mismo, cuando alguien nos ofende, nos rechaza o nos traiciona, no podemos esperar sentir el deseo de perdonarle. Lo hacemos, porque de lo contrario, nos llenamos de amargura y nos convertimos

LA ÚNICA FORMA DE SANAR LA AMARGURA ES TOMAR LA DECISIÓN DE PERDONAR.

en esclavos de quien nos ofendió. Siempre le tenemos en la mente, siempre sentimos coraje al recordar lo sucedido, y como consecuencia perdemos parte o toda nuestra vida inmersos en las aguas de la amargura.

Mientras tanto, la persona que nos hizo daño sigue su rutina y ni se entera de lo que estamos sufriendo cada vez que nos remojamos en la amargura. Ese ladrón de la alegría, si no lo arrestas, te afecta a ti porque la amargura afecta tu salud, la relación con tu familia y tu vida profesional. Quien está amargado es fácil de identificar en cualquier lugar por su carencia de alegría y pasión en sus ejecutorias, y en su relación con los demás.

En el hogar mantiene un clima de tensión porque grita, es áspero, y su nivel de tolerancia en momentos de frustración es muy pobre.

En el trabajo es rechazado y no logra buenos vínculos con sus compañeros. Por tanto, la productividad en la empresa no será la misma que logra quien es respetable, amable, tiene la alegría que motiva e incentiva a otros a superarse, y se ve siempre lleno de energía. Perdonar es la respuesta si anhelas salir de la amargura.

3. Preocupaciones

La preocupación es un pensar y repensar en una situación, imaginando siempre lo peor que puede pasar. El hecho que te preocupa permanece en la mente cada minuto hasta agobiarte y dejarte sin fuerzas, y después de tanto pensar permaneces en el mismo lugar sin adelantar nada en la solución del problema. *Si te preocupas por el pasado, ya no puedes cambiar lo que ocurrió. Si no está en tus manos poder resolver la situación, ¿qué ganas con preocuparte? Si tiene solución y tú puedes resolverlo, detén el reciclaje de pensamientos negativos y manos a la obra.* Resolver es la alternativa. No es continuar gastando energía pensando en el problema que tienes, hasta que te aplaste y te deje tirado en el suelo sin fuerzas ni aliento para levantarte. Resuelve y sigue viviendo a pesar de lo que ocurra a tu alrededor.

¿Cómo evadir y erradicar la preocupación?

+ Evalúa la situación que estás experimentando, pero no te quedes contemplando y manoseando el problema. Solamente resúmelo en una oración sin fantasear negativamente sobre lo horrible que puede pasar.

+ Determina si está en tus manos la solución.

+ Enfócate en pensamientos positivos.

+ Menciona posibles soluciones y sus consecuencias.

+ Elige la mejor alternativa de acuerdo a tus principios y al conocimiento que tienes.

+ Actúa.

+ Si crees que no puedes manejar la solución, busca ayuda.

El ser esclavo de la preocupación te afecta en todas las áreas de tu existencia. Quien se preocupa por todo y continuamente tiene algo que le absorbe el pensamiento, no puede concentrarse en su trabajo, pierde tiempo en pensar en frustraciones personales, problemas familiares, laborales o por situaciones de su país que no le dejan espacio mental para producir al máximo. La creatividad es nula porque piensa solo en problemas, en lugar de visualizar soluciones y formas de desarrollar técnicas para innovar en la empresa.

4. Miedo y ansiedad

El miedo y la ansiedad son emociones necesarias para escapar de un peligro inminente, pero no para que te acuestes y permitas que ellos te acaricien hasta dejarte en una depresión que te aísle de los demás y te robe la alegría. El poder experimentar miedo y ansiedad son los responsables de darnos la orden de escapar cuando vemos un peligro que nos acecha. Sin embargo, cuando se convierten en un hábito o en un patrón de vida, detienen tu paso por la vida y te convierten en alguien nervioso, intranquilo, preocupado, inquieto, con latidos de corazón acelerado, con dificultad para dormir, dificultad para concentrarte, lleno de irritabilidad, cansancio, falta de aire, entre otros síntomas que afectan tu salud. Todos estos síntomas perturban tu vida y te dejan sin aliento.

Al final de una de mis conferencias, estaba firmando mis libros y compartiendo con las personas la alegría que me ha hecho feliz. De repente se me acercó una mujer y me dijo: "No puedo salir sola de mi casa. Si no consigo a alguien que me acompañe, tengo que quedarme encerrada. Siento un miedo horrible de que alguien me ataque o me pase algo malo, y así estoy hace muchos años".

Cuando le permitimos a la mente fantasear con pensamientos negativos, estos llegan a apoderarse y a tener control sobre todo nuestro ser, dejando nuestra vida cotidiana en pausa y permitiéndole a los pensamientos negativos que nos entierren en vida. Es como dejarle el control de nuestra existencia a un asesino.

¿Cómo vences el miedo?

+ Haz poco a poco lo que temes hacer, hasta lograrlo totalmente. En el caso de la persona que me consultó, ella puede recorrer sola distancias cortas e irlas aumentando cada día, hasta vencer el miedo que solo está en la mente.

+ Evalúa el diálogo interior, desecha o descarta todo pensamiento negativo, y sustitúyelo por uno positivo.

+ Lee historias de superación que te animen a vencer lo imposible.

+ Reconoce que no estás solo o sola. Dios ha prometido estar con nosotros hasta el fin.

5. Competencia

Este es un asesino silencioso como la alta presión, pues la palabra competencia se usa para saber quién gana entre dos personas que aspiran a un mismo objetivo. Otro significado se refiere a la capacidad que una persona tiene para ejecutar o desarrollar algo. Por ejemplo, un maestro que enseña una materia de forma incorrecta es un incompetente; un mecánico que arregla vehículos modernos y les daña sus computadoras es un incompetente porque está realizando una labor para la cual no está capacitado.

El ladrón que es imprescindible arrestar es el que te hace vivir en este mundo en una competencia continua con los demás, como si estuvieras en una carrera. No llegaste a este mundo a competir, sino a compartir y a dar lo mejor de ti para construir un mundo mejor. Quien compite continuamente, nunca está satisfecho con sus logros porque quiere alcanzar al que llegó a un escalón más alto que él en su trabajo, en su hogar o dondequiera que se mueve.

Esta actitud promueve malas relaciones interpersonales, porque no logra hacer vínculos en los que impera el amor sincero. Las relaciones interpersonales de quien está siempre en competencia, por lo general

> **NO LLEGASTE A ESTE MUNDO A COMPETIR, SINO A COMPARTIR Y A DAR LO MEJOR DE TI.**

son por el interés de lograr influencia para llegar más alto o conseguir un objetivo específico. Ve a los demás como contrincantes, y no como sus semejantes que también tienen derecho a progresar y a tener oportunidades para brillar y alcanzar sus sueños.

Estas personas compiten hasta en su hogar con la pareja que tienen. Se molestan si su cónyuge gana más o si le ascienden en su trabajo, en lugar de estar alegres y felices por el logro que ha alcanzado. ¿Cómo puede vivir la alegría en un corazón que manifiesta actitudes tan negativas?

Llegamos a este mundo a desarrollar y a compartir las capacidades que Dios nos regaló cuando nos creó. Todos somos diferentes físicamente, en habilidades y capacidades, pero todos somos necesarios en la edificación de una sociedad. No llegamos a competir para ver quién es el mejor, sino a compartir con otros y a servirnos unos a otros.

El huracán María que azotó a Puerto Rico vino a revelar el verdadero carácter de todos. Porque cuando todo está en orden, hay salud, hay alimentos, dinero, y las necesidades están cubiertas, todo el mundo es maravilloso. *Cuando llega la dificultad, demostramos de qué material estamos hechos.*

Un médico estaba desesperado por la cantidad de cosas que habían cambiado en nuestro país: largas horas esperando en filas debajo del sol candente para comprar gasolina, largas filas de aquellos que tienen generadores eléctricos en sus casas y tienen que comprar diesel, largas filas para el supermercado, largas filas para el banco, largas filas para el hielo, largas filas para recibir ayuda de FEMA (Administración Federal de Ayuda de Emergencias, por sus siglas en inglés), y largas filas en la carretera para llegar a los diferentes lugares.

Ante ese panorama, el médico, lleno de coraje decía: "Yo estudié para médico. ¿Por qué tengo que hacer esas largas filas? No voy a hacer las filas". Aunque hayas estudiado para convertirte en astronauta y hayas viajado por todo el universo, si no te has capacitado para enfrentar la crisis, tu título no tiene ningún significado y la alegría no vivirá en ti. La alegría no viene de lo que has estudiado ni depende de las circunstancias. Nace dentro de un corazón que ha valorado la creación de Dios, y ha absorbido su amor y su paz. Solo así podemos enfrentar las grandes crisis.

Aunque ya Don Jorge Manrique en el siglo XV en las Coplas que escribió por la muerte de su padre, expresó que la muerte es la igualadora de los hombres,[1] ahora en pleno siglo XXI, creo que debemos agregar la necesidad y la desgracia como igualadoras de los hombres, porque no importa cuánto puedas tener, el sufrimiento y las consecuencias que se generan en las crisis, nos tocan a todos.

El poeta expresa que al morir, no importa cuánto dinero, posesiones o títulos tengan las personas, ninguna podrá llevar una
mudanza con sus posesiones ni un camión blindado cargando
con su dinero por más dinero que hayan tenido. En la muerte, como dice el poeta Jorge Manrique, los señoríos y todo lo
material se acaban. Los que tenemos convicciones sabemos que
nuestros cuerpos se desintegran, pero el espíritu de aquellos que
hemos amado a Jesucristo vivirá para siempre. Aún así, también
en este caso, los que tienen, los que tienen menos, los que tienen
títulos universitarios y los que no pudieron ir a la escuela, todos
seremos igualitos. Disfruta esta estrofa del poema escrito en el
siglo XV y atesóralo como una lección valiosa para que no importa lo que llegues a tener en tu peregrinar aquí en la tierra, no
compitas con los demás: ámalos, valóralos, respétalos, sé feliz, y
reparte tu alegría a todos.

> Nuestras vidas son los ríos
> que van a dar en la mar
> que es el morir;
> allí van los señoríos
> derechos a se acabar
> y consumir;
> allí los ríos caudales,
> allí los otros, medianos
> y más chicos,
> allegados son iguales
> los que viven por sus manos
> y los ricos.

Consciente de la verdad que encierra esa copla del siglo XV, ¿qué
ganas con competir por ser mejor que otros? Decide hoy que la
única competencia la debes hacer contigo mismo: "*Hoy quiero
ser mejor persona que ayer, hoy quiero alcanzar una meta que no he*

podido lograr, hoy me quiero capacitar para ser un mejor profesional y hacer mi trabajo cada día mejor hasta llegar a la excelencia, hoy quiero desarrollar más pasión por mi familia, por mi trabajo, y por dejar una huella de amor en todos los que han compartido en algún momento conmigo". ¡Eso es vivir! Así es como único puedes reír aún en medio de las circunstancias más difíciles que se presentan en la vida.

6. Relaciones

Otro de los ladrones que te roban la alegría es la incapacidad de relacionarte bien con los demás. Mientras más conflictos sin resolver cargas en tu mochila emocional, más chocarás con las personas que te rodean. Quien no se ama a sí mismo, no se acepta como es y se siente mal consigo mismo, no podrá amar a los demás ni aceptarlos como son, ni sentirse feliz cuando comparte con ellos. Esa incomodidad y frustración propia que ves reflejada en tus semejantes te atrasa en tu progreso personal, y no te permite ser feliz ni experimentar alegría y bienestar.

En lugar de aprovechar las largas filas que te mencioné para conversar con las personas y reír con las experiencias que cada uno cuenta de manera particular, estas personas que no saben relacionarse con otros malgastan el tiempo quejándose, maldiciendo y renegando de una realidad que no pueden cambiar. Lo único que podemos cambiar es nuestra actitud frente a la realidad difícil que se presenta. Quien no ve a los demás con ojos de amor, no puede apreciar la belleza de compartir con el prójimo, independientemente de quien sea, ni el título que tenga, ni las circunstancias que se estén experimentando.

¿Qué necesitas hacer para relacionarte bien con los demás? Comprender que todos tenemos fortalezas y debilidades, y solo el amor a Dios y al prójimo nos permiten sobrellevar las diferencias entre unos y otros; ser conscientes de que *cuando señalamos el error que alguien ha cometido, nosotros también lo cometemos igual o peor.* Cuando los demás se equivocan al tomar una decisión, nosotros también nos equivocamos al tomar decisiones.

Si queremos ser felices y tener alegría en nuestros corazones, debemos pensar que cuando los demás nos ofenden y nos traicionan, no tienen la madurez ni las convicciones que nosotros tenemos. Por tanto, amar a pesar de que los demás piensen de forma diferente, vean la vida con otro lente a como nosotros la vemos y no sean a veces como a nosotros nos gustaría que fueran, es una decisión que debemos tomar y sostenerla hasta el final.

Esa decisión de amar nos llena de felicidad, satisfacción y una alegría infinita capaz de vencer cualquier circunstancia. Si quieres experimentar alegría continua, ama, perdona, y deléitate todos los días con cada amanecer que Dios te regala. *Usa los caracteres difíciles de otros para pulir tu carácter y brillar como el oro.* La vida es y será como tú quieres que sea, y encontrarás a tu paso lo que tú quieras encontrar. ¡Vive plenamente, vive alegre y sonríe!

7. Sentimientos de incompetencia

Este ladrón ataca tu mente de tal manera que te susurra al oído que no sirves, no tienes capacidades para desarrollarte profesionalmente y producir, porque no eres como tal o cual persona que es inteligente, creativo y capaz. A este ladrón, arréstalo inmediatamente. Dile que sí eres inteligente, capaz y creativo porque eres lo que tú mismo te repites una y otra vez en tu diálogo interior. Capacítate, aprende, practica porque tú tienes la capacidad para llegar a donde te propongas si cambias la imagen que tienes de ti mismo.

8. Resistencia al cambio

———

QUIEN SE RESISTE AL CAMBIO, SE RESISTE A CRECER Y A EVOLUCIONAR.

———

La naturaleza nos grita todos los días que los cambios son favorables. No te resistas. El huracán dejó muchos árboles sin una sola hoja, pero después de unos días comenzamos a ver los brotes que salían en las ramas y se fueron convirtiendo en un follaje precioso. Quien se resiste al cambio, se resiste a crecer y a evolucionar. Si quieres que la empresa para la cual trabajas crezca y prospere, decídete a crecer y a progresar con ella, pensando siempre en nuevas ideas que puedas aportar para mejorar tu ejecución y la de otros. Es necesario arrestar a este ladrón que te susurra al oído: "Es más fácil hacer las cosas como ya sabemos hacerlas". Elimina ese pensamiento equivocado y sal de la rutina que te atrasa. *Aspira siempre a la excelencia. Decídete, no por lo que sea más fácil, sino por lo que sea más productivo.*

9. Ira

La ira es una expresión de coraje que sale de un impulso irracional, y destruye la dignidad de quien la manifiesta y la recibe. Quien la manifiesta expresa la guerra que vive en su interior, y quien la recibe se siente destruido porque recibe el mensaje equivocado: "Tú no vales ni eres digno, por eso vacío en ti mi frustración y mi rabia de sentirme sin valor". Quien vive de impulsos y de arranques de coraje no tiene control de sí mismo, por tanto, ¿cómo podrá dirigir una empresa, qué capacidad tiene para trabajar y producir eficientemente, cómo será su interacción con los demás? Las empresas ni los hogares necesitan personas explosivas, al contrario, necesitan personas persuasivas que lleven a los demás a practicar la paciencia para que puedan indignarse frente a las malas acciones, disciplinar correctamente, y tomar buenas decisiones cuando ocurre algo inaudito, sin crear un caos. Quien puede dominar su coraje, puede dirigir y conquistar una ciudad, porque el

> QUIEN PUEDE DOMINAR SU CORAJE, PUEDE DIRIGIR Y CONQUISTAR UNA CIUDAD, PORQUE EL PEOR ENEMIGO TUYO VIVE DENTRO DE TI.

peor enemigo tuyo vive dentro de ti. Conquístalo, arréstalo y decídete a ser feliz.

10. Falta de reconocimiento

Quien vive buscando reconocimiento es porque nunca se ha valorado a sí mismo. Si no se siente valioso, continuamente está buscando quien afirme lo que hace. De ahora en adelante, es importante ser consciente de tu valor, independientemente de que otros lo reconozcan o no. Haz el bien, practica lo excelente, afirma tus convicciones, sé integro y mantén siempre una imagen preciosa de ti, porque si haces el bien y aprendes a sentirte bien contigo mismo, todos leerán un letrero invisible que tenemos en la frente: "Soy valiosa y como persona valiosa merezco ser tratada". Independientemente de si reconocen o no tu trabajo, lo importante es que tú reconozcas que lo que estás haciendo te engrandece como persona, y beneficias a otros con tu labor. Así es que arrestamos al ladrón de la falta de reconocimiento.

11. Ingratitud

La ingratitud es otro ladrón que denigra y asesina la labor de quienes te ayudan en un momento dado. Fíjate que dije "asesinan la labor de quienes te ayudan", no dije "asesina a quien te ayuda", porque quien te ayudó no pierde su brillo porque tú no lo sepas reconocer. Tú, que disfrutaste de su ayuda, pierdes la alegría que produce el ser agradecido hacia esa persona que se esforzó para tu bienestar.

> LA INGRATITUD QUEMA PUENTES Y CUANDO NECESITES CRUZAR A OTRO LUGAR, NO PODRÁS CRUZARLO, PORQUE YA HAS QUEMADO EL PUENTE.

La ingratitud asesina lentamente a quien la practica, y le quita la visión de ver las cosas bellas que experimentamos cuando somos agradecidos. El agradecimiento produce alegría y una energía indescriptible de poder reproducir en otros lo que nos ha ayudado a salir adelante. ¿Cómo arrestas el ladrón de la ingratitud? Valorando y apreciando lo que recibes diariamente desde lo más pequeño hasta lo más grande que alguien haga por ti, y jamás olvidarlo; hacer con otros lo que han hecho contigo, y tender puentes de amor que nos unan por las buenas obras y por buscar el bienestar de los demás. La ingratitud quema puentes y cuando necesites cruzar a otro lugar, no podrás cruzarlo, porque ya has quemado el puente. Si quieres ser feliz y tener alegría, haz todo el bien que puedas hacer y sé agradecido de Dios y tu prójimo, hasta por la sonrisa que te regala cuando te ve.

El proverbio, "No hay peor ladrón, que el de tu misma mansión",[2] es una realidad. No hay peores ladrones que esos que viven en nuestro interior, y les damos vida con nuestro diálogo interior negativo, permitiéndoles que nos roben la alegría. En lugar de permitir que sigan sueltos, arréstalos.

Cuando arrestamos a todos esos ladrones de la alegría, caminamos libremente por la vida repartiendo a otros todo lo precioso que hemos cultivado en nuestro ser para lograr vivir en paz, y estar llenos de la alegría que fluye continuamente, nunca se acaba y sana a tantos corazones.

● ● ● ●

Conviértete en un oasis adonde los demás lleguen, y puedan descansar y animarse con tus palabras de aliento.

Epílogo

LA ALEGRÍA ES PODER DE VIDA QUE LO SUPERA TODO

"El Señor no nos va a preguntar qué hicimos con el dinero, sino qué hicimos con la alegría, inevitable para vivir." –Facundo Cabral

Hemos llegado al final de la jornada en la que te he expresado la importancia de mantener la alegría a pesar de las circunstancias. Posiblemente hayas pensado que para mí ha sido fácil mantener la alegría porque soy la escritora. A lo mejor has creído que estoy cómodamente sentada escribiendo sobre el tema de la alegría para llevarte un mensaje motivacional para tu vida, y no para la mía.

Sin embargo, debo confesarte que este libro es la manera de vivir que me ha definido desde niña y que he transmitido a mi familia y a todos aquellos que puedo alcanzar a través de mis conferencias, mis libros, los programas de radio y televisión, y mi relación con las personas adondequiera que voy. Siempre he reído a carcajadas, y hasta el día de hoy lo sigo haciendo y lo haré hasta el final de mis días.

Mi esposo, mi hermana y yo viajamos a China dos veces al año. En uno de esos viajes, después de haber trabajado todo un día, fuimos a comprar a una tienda de ropa. Las jóvenes que nos atendieron no hablaban español, y nosotras no hablábamos chino, pero el lenguaje del amor que transmitimos con la alegría, lo entiende la mayoría de las personas. Hablamos con risas, mímicas y con todo tipo de señas. Lo importante era entendernos, y fue tanto el vínculo que logramos establecer, que las abracé. De repente salió una mujer de algunos treinta años corriendo desde el lugar donde se dedicaba a cobrar hasta donde estábamos nosotras, para pedirme un abrazo.

—————

CUALQUIER MENSAJE, POR MÁS DIFÍCIL QUE SEA, ES SUAVIZADO POR EL PODER DE UNA SONRISA Y UNA ACTITUD LLENA DE AMOR.

—————

Lo increíble es que por lo general los chinos no acostumbran a abrazar y a besar a las personas que se encuentran, pero el poder de la alegría no tiene límites, ni en China ni en Corea, ni en tu hogar, ni en el trabajo. No importa el sitio donde estés, cualquier mensaje por más difícil que sea, es suavizado por el poder de una sonrisa y una actitud llena de amor.

El mantener mi alegría no ha significado ausencia de situaciones difíciles ni de lágrimas, pero sí puedo decirte que la alegría ha superado siempre el dolor. En el momento que comencé a escribir este libro recibí un diagnóstico muy negativo de la condición de mi columna vertebral. El cordón espinal estaba muy cerca de la pared del túnel de hueso en el que está situado, y los estudios de resonancia magnética del cuello, del tórax y los lumbares, dejaron ver un diagnóstico bastante complicado. La doctora me refirió a un neurocirujano y me explicó que no podía hacer fuerza, no me podía caer, no podía pasar mapo, ni barrer y por ahí siguieron los no, no, no... Mi esposo, mis hijos ya casados y mis hermanos por poco me guardan en una urna de cristal, pero yo dije basta, basta, basta, seguiré trabajando hasta que se me acabe la cuerda.

En lugar de frustrarme y entristecerme, continué con mi alegría y mi energía. No hablaba de enfermedad y me enfocaba en los planes que Dios ha tenido conmigo desde que me creó. Mientras escribía, el dolor a veces era fuerte y si tomaba la medicina me daba sueño. A la vez, no podía dejar de escribir porque no quería quedar mal con mi compromiso de terminar el libro en octubre. Decidí que trabajaría un poco en el libro, descansaría, trabajaría en mis amados quehaceres del hogar que me dan tanta felicidad, descansaría, y volvería a sentarme otra vez a escribir y así sucesivamente, hasta que ahora ya lo estoy terminando mientras escribo el epílogo. El amar todo lo que hacemos produce energía y alegría.

Las dificultades no terminaron con el diagnóstico. Llegó el huracán Irma a Puerto Rico que causó mucho daño en algunos pueblos, y dos semanas después azotó a nuestra isla el huracán María, dejando a Puerto Rico devastado como nunca lo había visto en mis sesenta y cinco años de edad. Mientras el huracán atacaba con furia, yo estaba en un compromiso pautado con anterioridad en Texas. Mi cuerpo salió para Texas, mientras mi corazón se quedó con mis hijos, mis hermanas, nietos y sobrinos que se habían quedado en nuestra casa para pasar el huracán. Ese día que me despedí de mi esposo, lloré y le dije: "Me voy a perder la fiesta del huracán".

Nuestra familia está unida con fuertes lazos de amor, y disfrutamos aun en las tormentas más grandes de la vida, no por lo negativo que nos pase, sino por la enorme bendición de estar juntos para enfrentar la dificultad. Supe de mi familia dos días

> **EL AMAR TODO LO QUE HACEMOS PRODUCE ENERGÍA Y ALEGRÍA.**

después del huracán, pero siempre mantuve la paz que Dios nos regala cuando caminamos con Él.

Cuando regresé, mi país estaba sin luz, sin agua, no había comunicación, miles de personas quedaron sin hogar, era difícil comprar gasolina, diesel, alimentos. Muchos no tenían alimentos porque su casa quedó incomunicada, en fin, fue un verdadero desastre. Uno de los negocios de mi esposo quedó inservible, el otro todavía no se ha podido abrir al público por falta de energía eléctrica, y el que nos queda hace solo tres días que está funcionando. Tres semanas después, solo un trece por ciento tiene luz, y nosotros estamos fuera de ese trece por ciento.

Nuestra actitud frente a todas estas pérdidas ha sido de tranquilidad y aceptación mientras seguimos resolviendo todo lo que está en nuestras manos hacer, y confiando en la promesa de Dios: *"…Y tengan por seguro esto: que estoy con ustedes siempre, hasta el fin de los tiempos"* (Mateo 28:20).

Todo lo que te he descrito es el marco en el cual el libro *Alegría para la vida* ha sido escrito. Desde que comencé a trabajar este tema, las circunstancias que me han rodeado han sido tristes, o por lo menos no son para hacer una celebración. Sin embargo, la tristeza no ha podido arrebatarnos la paz, el gozo, la alegría ni la esperanza. Esto comprueba que podemos elevarnos por encima del dolor y de la pérdida, y mantener viva nuestra alegría de vivir que sale de lo más profundo de nuestro ser, y no depende de lo que sucede en el exterior.

¿Cómo lo hemos logrado? Lo que es excelente no se logra automáticamente sin esfuerzo o dedicación. Requiere alimentación espiritual y emocional antes de que las circunstancias se tornen difíciles. Mi esposo y yo hemos aprendido desde que teníamos diecisiete años que sin una relación estrecha con Dios no se puede vivir plenamente, sintiendo el gozo o la alegría que va más allá de la risa que produce un chiste bien hecho. La risa que provoca una situación graciosa o un chiste es transitoria, y se acaba luego que pasa el momento. Esa risa momentánea y superficial no nos prepara para el tiempo difícil ni para las malas noticias, y solo se produce cuando todo está en orden.

Sin embargo, la alegría que produce la relación directa con un Dios que tiene cuidado de sus hijos, nos ama incondicionalmente, se comunica con nosotros a través de cada Palabra escrita en la Biblia, está atento a nuestra oración, nos creó con un propósito específico, no nos abandona, ni nos deja de querer cuando nos equivocamos; esa alegría no tiene fin.

Relacionarnos con Él, quien es la fuente de amor, gozo, paz, fortaleza, esperanza y de todos los atributos positivos que nos capacitan para enfrentar los retos de la vida y salir victoriosos, es el secreto para ser felices, tener paz y permanecer gozosos aun en medio de las tormentas de la vida. A través de su Palabra, la Biblia, nos da a conocer su voluntad a quienes pertenecemos a Él, porque anhela nuestro bienestar: estar siempre alegres, nunca dejar de orar porque es la forma de comunicarnos con Él, y ser agradecidos siempre.

> *"Estén siempre alegres. Nunca dejen de orar. Sean agradecidos en toda circunstancia, pues esta es la voluntad de Dios para ustedes, los que pertenecen a Cristo Jesús".*
>
> (1 Tesalonicenses 5:16–18)

Esas instrucciones son las que mi familia y yo hemos practicado, y nos han permitido "volar" por encima de las circunstancias con la certeza de que alguien más poderoso que nosotros se encargará de nuestros imposibles y nos capacitará para hacer aquello que es posible. Siempre, siempre he llevado escrito en mi mente y en mi corazón: "No habrá nada que Dios y yo no podamos resolver". Por tanto, ¿para qué preocuparme?

Esta forma de vivir al amparo de alguien tan poderoso, me sostiene, me alienta, y no importa cuál sea la circunstancia, mantengo siempre en mi interior la fortaleza y la energía necesaria de un Dios que me anima, me llena de su amor y de su paz para amarme a mí misma, amar a mi prójimo no importa como sea, y para elevarme por encima de la dificultad. Esa es la razón de mi alegría continua, de mi sonrisa feliz y mi alegría de vivir. Atesora estas enseñanzas de alguien que ha vivido ya tantos años, y todavía es capaz de reír a carcajadas.

Un beso, un abrazo fuerte y mi mayor anhelo de que alcances la alegría y la felicidad a través de tu linda relación con Dios, contigo mismo y con los demás.

Norma Pantojas

Ahora que hemos concluido el Curso de la Alegría, vamos a identificar cada día de la semana con un propósito. Así comenzarás a ver cada día que Dios te regala con pensamientos de bien que enriquezcan tu vida y la de otros.

PRÁCTICAS PARA COMENZAR
7 DÍAS DE ALEGRÍA

Día 1: Domingo

Este es el día de visitar el templo para expresarle a Dios mi amor y agradecimiento, y continuar llenándome de fe y esperanza.

Día 2: Lunes

¡Qué felicidad; voy a trabajar y producir, tengo capacidades para compartir! Recibo los cambios y las situaciones con alegría, y los veo como oportunidades para soluciones creativas.

Día 3: Martes

Hoy es un día nuevo para expresar mi amor a los demás dondequiera que voy.

Día 4: Miércoles

Me detengo a pensar en nuevas ideas para ser más productivo, y sentirme más apasionado por todo lo que hago.

Día 5: Jueves

Evalúo mi relación con mi familia, mis compañeros de trabajo, con quienes comparto de una u otra forma, y le pido perdón a quien haya ofendido.

Día 6: Viernes

Agradezco a todos las sonrisas y los abrazos que me han regalado esta semana.

Día 7: Sábado

Estoy lleno de energía y alegría de vivir para compartir con mi familia, y practicar otras actividades diferentes a las de mi trabajo regular.

PRÁCTICAS PARA DÍAS ESPECIALES

Cumpleaños

Hoy es un año más de experiencia para compartir con otros.

Navidad

Soy feliz porque Jesús nació en el pesebre y en
mi corazón, los responsables de mi alegría.

Año Nuevo

Nuevos retos se presentarán, y los
conquistaré con energía y alegría.

Aniversario de bodas

Hoy es un día maravilloso para recordar los buenos
momentos que se han ido acumulando en mi
matrimonio hasta convertirse en un tesoro.

Días que no quisieras recordar

Recuerdo sin pesar los días como el que viene a mi memoria
hoy, porque son los responsables de haber formado y pulido el
carácter que tengo ahora.

EN BUSCA DE LA ALEGRÍA
(Un plan sencillo y efectivo)

+ Cultiva un carácter formado en principios firmes para que supere los impulsos y las circunstancias adversas.

+ Siembra en tu mente nuevos pensamientos, sentimientos y valores que transformen tu manera de interpretar la vida.

+ Deja de hacer lo que has hecho hasta ahora, y comienza a crear hábitos que te dirijan hacia lo que anhelas alcanzar.

+ Escoge ser optimista. Aprende que la oscuridad no es permanente porque ningún problema es eterno.

+ No les abras la puerta a pensamientos negativos ni permitas que entren y se sienten en tu mente.

+ Desarrolla buenas actitudes porque tienen un valor añadido. Ninguna circunstancia adversa dura para siempre, y nuestra actitud es la medicina perfecta para enfrentar la crisis.

+ Trae a tu memoria recuerdos felices; no recrees tragedias.

+ Piensa en lo que anhelas lograr, y no te detengas a martirizarte por los obstáculos que puedan aparecer en el camino.

+ Piensa y cree que todo el mundo te ama, y no te tortures por quien no te ame.

+ Cuando se presente una crisis, "enfríate", reflexiona, evalúa, desmenuza la situación, y sugiere buenas ideas.

- Las situaciones adversas, si las manejas con sabiduría, fortalecen tu carácter, y descubres en ti recursos y capacidades que a veces desconoces.

- Comprende que cuando tienes pensamientos positivos de agradecimiento, amor o alegría, tu cuerpo produce sustancias químicas que te hacen sentir de maravilla, lleno de amor o alegría. Pero los pensamientos negativos, temerosos o impacientes producen negativismo, temor e impaciencia.

- Ensaya en tu mente cómo serías si fueras una persona que lograra superar esa característica que te mantiene dañando tu relación con tu familia y con otros, y que te impide tener éxito en tu trabajo.

- Atrae a las personas al ser reconocido como alguien que aporta excelentes ideas en la solución de los problemas, siempre tiene palabras de aliento y superación, contagia su alegría a los demás, y aumenta la productividad en la vida de todos con su entusiasmo.

- Aprende a ser feliz con lo que tienes, mientras llega lo que anhelas.

● ● ● ●

Nunca olvides que todo lo excelente cuesta.

ARRESTA A LOS LADRONES DE TU ALEGRÍA ¡DE INMEDIATO!

RECHAZO

Aprende a pensar, sentir y actuar como alguien valioso, para que tus ejecutorias te distingan.

AMARGURA

Perdonar a los demás y perdonarte a ti mismo es la respuesta para salir de la amargura.

PREOCUPACIONES

Resume tu problema en una oración, sin fantasear negativamente sobre lo horrible que puede pasar. Determina si está en tus manos la solución. Enfócate en pensamientos positivos. Menciona posibles soluciones y sus consecuencias. Elige la mejor alternativa. Actúa.

MIEDO

Evalúa tu diálogo interior, y sustituye todo pensamiento negativo por uno positivo. Lee historias de superación que te animen a vencer lo imposible. Reconoce que no estás solo. Dios prometió estar contigo hasta el fin.

COMPETENCIA

Lee esto con frecuencia, y cada vez que te sientas amenazado por lo que piensas que es tu competencia:

"Hoy quiero ser mejor persona que ayer, hoy quiero alcanzar una meta que no he podido lograr, hoy me quiero capacitar para ser un mejor profesional y hacer mi trabajo cada día mejor hasta llegar a la excelencia, hoy quiero desarrollar más pasión por mi familia, por mi trabajo, y por dejar una huella de amor en todos los que han compartido en algún momento conmigo".

RELACIONES

Comprende que todos tenemos fortalezas y debilidades, y que cuando señalamos el error que alguien ha cometido, nosotros también los cometemos igual o peor. Ama a pesar de que los demás piensen o vean la vida con otro lente diferente a como tú la ves.

SENTIMIENTOS DE INCOMPETENCIA

Capacítate, aprende, practica porque tú tienes la capacidad para llegar a donde te propongas si cambias la imagen que tienes de ti mismo.

RESISTENCIA AL CAMBIO

Es necesario arrestar a este ladrón que te susurra al oído: "Es más fácil hacer las cosas como ya sabemos hacerlas". Elimina ese pensamiento equivocado y sal de la rutina que te atrasa. Aspira siempre a la excelencia. Decídete, no por lo que sea más fácil, sino por lo que sea más productivo.

IRA

Quien puede dominar su coraje, puede dirigir y conquistar una ciudad, porque el peor enemigo tuyo vive dentro de ti. Conquístalo, arréstalo y decídete a vivir con alegría.

FALTA DE RECONOCIMIENTO

Independientemente de si reconocen o no tu trabajo, lo importante es que tú reconozcas que lo que estás haciendo te engrandece como persona, y beneficias a otros con tu labor.

INGRATITUD

Valora y aprecia lo que recibes diariamente, desde lo más pequeño hasta lo más grande que alguien haga por ti, y jamás lo olvides. Haz con otros lo que han hecho contigo. Tiende puentes de amor que nos unan por las buenas obras y por buscar el bienestar de los demás.

• • • •

Si quieres ser feliz y tener alegría, haz todo el bien que puedas hacer, y sé agradecido de Dios y de tu prójimo, hasta por la sonrisa que te regala cuando te ve.

NOTAS BIBLIOGRÁFICAS

Capítulo 1

1. Consultado en línea. http://www.elcastellano.org/palabra.php?id=1495

2. Consultado en línea. www.citasyproverbios.com.

3. Consultado en línea. https://antologiadelasuperacionpersonal.wordpress.com.

4. Consultado en línea. esp106.blogspot.com.

Capítulo 2

1. Dispenza, Joe, *Deja de ser tú* (Barcelona: Ediciones Urano, 2012) p. 17.

2. Word Reference Diccionario de la lengua española 2005 Espasa Calpe. Consultado en línea. http://www.wordreference.com/es/

Capítulo 3

1. Poemas, La vida en palabras. Consultado en línea. https://www.poemas.de/poema-del-renunciamiento/

2. Peale, Norman Vincent, *Mate la preocupación y viva para siempre.* (Buenos Aires, Argentina: Editorial Peniel, 2006.), p. 39.

3. Consultado en línea. Galicias.com: una casa para todos.

Capítulo 4

1. Consultado en línea http://www.frasesypensamientos.com.ar/frases/ideas-vagas-sentimientos-claros-2005.html

2. Consultado en línea. http://www.periodicoabc.mx/henry-ford-fundador-de-una-leyenda/52143

3. Hill, Napoleón; Stone, W. Clement, *Actitud mental positiva*. (Estados Unidos de América: Vintage Español, 2013) p.35.

4. Consultado en línea. https://www.pymesyautonomos.com/vocacion-de-empresa/no-fracase-solo-descubri-999-maneras-de-como-no-hacer-una-bombilla

5. Consultado en línea. http://www.businessinsider.com/thomas-edison-in-the-obstacle-is-the-way-2014-5

6. Consultado en línea. https://www.britannica.com/biography/Thomas-Carlyle

Capítulo 5

1. Consultado en línea. http://semanarioaccion.com/como-produce-electricidad-el-cuerpo-humano-y-para-que-la-usa/

2. Dispenza, Joe, *Desarrolle su cerebro, La ciencia para cambiar la mente*. (Buenos Aires: Editorial Kier, 2008) p.1

3. Ibíd. p.1.

4. Consultado en línea. https://www.elheraldo.co/fue-encarcelado-oscar-wilde-por-homosexual-164295

5. Consultado en línea. http://www.escuchaactiva.com/cap02.htm

6. Consultado en línea. http://www.vitral.org/vitral72/bioet1.html

7. Consultado en línea. http://www.vitral.org/vitral72/bioet1.html

8. Consultado en línea http://www.frasedehoy.com/frase/4202/

9. Dispenza, Joe, *Desarrolle su cerebro, La ciencia para cambiar la mente*. (Buenos Aires: Editorial Kier, 2008) p.286

Capítulo 6

1. Suspiros poéticos. Consultado en línea. https://nmataliteratura.wordpress.com/2009/05/01/son-tus-huellas-el-camino-y-nada-mas/

2. Sunalini, Mathew, *Cómo ser exitoso a cualquier edad* ,Selecciones Julio 2017, p.20.

3. Hatum, Andrés, *La falta de compromiso tiene un alto costo para todas las empresas*. La Nación. Domingo, 7 de septiembre de 2014.

4. Consultado en línea. http://www.lanacion.com.ar/1725332-la-falta-de-compromiso-tiene-un-alto-costo-para-todas-las-empresas Consultado en línea. http://nordstromcompayanalysis.weebly.com/vission-andmission.

5. Consultado en línea. http://liderazgoautentico.blogspot.com/2008/02/el-cambio-empieza-en-uno-mismo.html

Capítulo 7

1. D`Ambrosio, Marcela, *Los beneficios de la alegría*. Consultado en línea. http://www.sabelatierra.com/index.php/los-beneficios-de-la-alegria/

2. Mejía, Rafael, *Endorfinas: hormonas de la felicidad*. 17 de agosto de 2017.2017.Consultadoenlínea.Saludymedicinas.com.mx.Martes, 28 de marzo del 2017. http://www.saludymedicinas.com.mx/centros-de-salud/salud femenina/articulos/endorfinas-hormonas-de-la-felicidad.html.

3. Pantojas, Norma, *Lo que pasó, pasó...* (Nashville, Tennessee, Estados Unidos de América: Grupo Nelson, Inc., 2012) p. xiv.

4. Clavería, Alejandra, La alegría, un factor clave en el clima laboral. 06-08-2009 MBA & Educación. Consultado en línea. https://mba.americaeconomia.com/articulos/reportajes/la-alegria-un-factor-clave-en-el-clima-laboral

5. Singer, Blair, *El ABC para crear un equipo de negocios exitoso* (México D.F.: Editorial Aguilar, 2004), p.30.

6. Clavería, Alejandra, *La alegría, un factor clave en el clima laboral* MBA & Educación. Consultado en línea. https://mba.americaeconomia.com/articulos/reportajes/la-alegria-un-factor-clave-en-el-clima-laboral

7. Consultado en línea. http://www.eleconomistaamerica.com/re-portajes-en-eam-usa/noticias/4879752/06/13/las-20-frases-de-henry-ford-sobre-los-negocios-y-el-liderazgo.html4

Capítulo 8

1. Consultado en línea. https://definicion.de/resiliencia/

2. Peale, Norman Vincent, *Puedes si crees que puedes.* (México: Editorial Grijalbo, 1983) p. 42.

3. Consultado en línea. https://psicologiaymente.net/neurociencias /endorfinas-neurotransmisores#!

4. Dispenza, Joe, *Desarrolle su cerebro, La ciencia para cambiar la mente.* (Buenos Aires: Editorial Kier, 2008) p. 414

5. Dispenza, Joe, *Deja de ser tú, la mente crea la realidad* (Barcelona: Ediciones Urano, 2012) p. 85.

6. Goleman, Daniel, *La inteligencia emocional: Por qué es más importante que el cociente intelectual.* (Buenos Aires, Argentina: Javier Vergara Editor, 2000) p.48

7. Dispenza, Joe, *Desarrolle su cerebro, La ciencia para cambiar la mente. (Buenos Aires: Editorial Kier, 2008) p.415.*

8. Goleman, Daniel, *La inteligencia emocional: Por qué es más importante que el cociente intelectual.* (Buenos Aires, Argentina: Javier Vergara Editor, 2000) p. 13.

9. Ibíd. p.13.

Capítulo 9

1. Canfield, Jack; Hansen, Mark Victor, *Sopa de pollo para el alma de la mujer,* Historia de dos ciudades (Deerfield Beach, Florida: Health Communications, Inc. 1997) p.47.

2. Goleman, Daniel, *La inteligencia emocional: Por qué es más importante que el cociente intelectual.* (Buenos Aires, Argentina: Javier Vergara Editor, 2000) p. 224.

3. Dispenza, Joe, *Desarrolle su cerebro, La ciencia para cambiar la mente.* (Buenos Aires: Editorial Kier, 2008) p. 419.

4. Goleman, Daniel, *Liderazgo.* (Barcelona, España: Ediciones B, S. A., 2014) p.119.

5. Ibíd. p.120.

6. Ibíd. p.121.

7. Goleman, Daniel, *La inteligencia emocional en la empresa.* (Buenos Aires, Argentina: Zeta Bolsillo, 2010) p.41

Capítulo 10

1. Dispenza, Joe, *Deja de ser tú, la mente crea la realidad* (Barcelona: Ediciones Urano, 2012) p. 85.

2. Ziglar, Zig, *Más allá de la cumbre,* (Nashville: Grupo Nelson,1995) p.140.

3. Dispenza, Joe, *Desarrolle su cerebro, La ciencia para cambiar la mente.* (Buenos Aires: Editorial Kier, 2008) p.271.

4. Marquina, Julián, El 80% de las ofertas de empleo no se publican en ningún lado 10 febrero 2015. Consultado en línea. https://www.julianmarquina.es/el-80-de-las-ofertas-de-empleo-no-se-publican-en-ningun-lado/

5. Tolle, Eckhart. *El poder del ahora.* (Novato, California: New World Library, 2000) p.70.

6. Lyubomirsky, Sonja, *La ciencia de la felicidad* (España: ediciones Urano, 2008) p. 39.

7. Ziglar, Zig, *Más allá de la cumbre* (Nashville: Grupo Nelson,1995) p. 68

8. Ibíd. p. 64.

9. Ibíd. p. 1.

Capítulo 11

1. Consultado en línea. Mundifrases.com http://www.mundi-frases.com/frases-celebres/frases/problemas-y-soluciones/#start-content

2. Huellas Divinas. 4 de noviembre, 2012. Consultado en línea. http://huellas divinas.com/la-piedra-en-el-camino/historias con enseñanzas

3. El placer de servir. Consultado en línea. www.perueduca.pe/recursosedu/relatos/primaria/60845

4. Salabert, Eva, *Reír es saludable*. Consultado en línea. Diviertete-conloschistesdeldia.blogspot.com

5. Ibíd.

6. Ventrella, Scott W., *El poder del pensamiento positivo en las empresas*. (Colombia: Grupo Editorial Norma, 2001) p.7.

Capítulo 12

1. Field, Lynda, *Aunque no lo crea vale más de lo que piensa*. (España: Ediciones Robinbook, SL.,1994) p.11.

2. Ziglar, Zig, Más allá de la cumbre. (Nashville: Grupo Nelson,1995) P.50.

Capítulo 13

1. Manrique, Jorge, Coplas a la muerte de su padre. Ciudad Seva Luis López Nieves. Consultado en línea. http://ciudadseva.com/texto/coplas-a-la-muerte-de-su-padre/

2. Consultado en línea. https://los-proverbios.com/no-hay-peor-ladron-que-el-de-tu-misma-ma.html

Para invitaciones a la
Dra. Norma Pantojas, diríjase a:
www.normapantojas.com

Contacto de prensa y manejo:

celimarrero@gmail.com